## Inhalt

| | | |
|---|---|---|
| Vorwort von Gregor Steinbrenner | Seite | 3 |
| Spielanleitung | Seite | 4 - 5 |
| Haus- und Hoftiere | Seite | 6 - 25 |
| Im Urwald | Seite | 26 - 43 |
| Urzeit und Dinosaurier | Seite | 44 - 61 |
| Im Wasser | Seite | 62 - 81 |
| Fliegen, Fahren, Schwimmen | Seite | 82 - 99 |
| Expeditionen und Entdecker | Seite | 100 - 117 |
| Hinter den Kulissen: Die 1,2,3 - Sendung | Seite | 118 - 127 |
| Kopiervorlage | Seite | 128 |

## www.1-2-oder-3.de

© 2003 Axel Juncker Verlag GmbH, München
© 2003 ZDF/Televersal
Lizenz über elite licence GmbH
Buchkonzeption und Realisation: SoliMedia Productions GmbH, Erfurt
Autoren: Manuela Langer, Eberhard Bickenbach
Fotos: Christoph Rehbach
Layout & Satz: Joerg Michel
Druck: Aprinta Druck GmbH & Co. KG, Wemding

Liebe **1, 2 oder 3**-Fans,

herzlich willkommen in unserem ersten **1, 2 oder 3**-Quizbuch für Kinder. Immer wieder fragen mich Kinder aus Deutschland, Österreich oder der Schweiz, wie sie unser tivi-Quiz am besten zu Hause nachspielen können. Mit so einem Buch ist das eine ganz einfache Sache, da könnt ihr am Tisch eine Quizrunde spielen oder im Zimmer eine improvisierte **1, 2 oder 3**-Bühne aufbauen und eine richtige Action-Show veranstalten. Aber auch zum Schmökern ist das Buch prima geeignet, es stecken eine Menge interessanter Infos in den Antworten und den vielen "Wusstest du schon, dass...?"-Boxen.

Für alle, die wissen wollen, wie eine Folge von unserer Quiz-Show entsteht, habe ich ausnahmsweise einmal die Hintertür zum Studio geöffnet. Die Backstage-Story zeigt alle Beteiligten bei der Arbeit. Ihr werdet euch wundern, wie viele Leute mitarbeiten müssen, um eine Fernsehsendung auf die Beine zu stellen.

Mir macht es jedenfalls immer einen Riesenspaß, wenn das Studio voll ist und die Quiz-Action dann endlich losgeht.

Allen, die uns im Fernsehen zuschauen und allen, die mit diesem Buch zu Hause quizzen, wünsche ich viel Spaß.

Bis bald bei **1, 2 oder 3** auf eurem Bildschirm

Euer

*Gregor*

# Spiel, Spaß und Spannung mit 1, 2 oder 3

Seit 1977 ist die beliebte Quizshow 1, 2 oder 3 auf Sendung. Die Gemeinschaftsproduktion von ZDF, ORF und dem Schweizer Fernsehen gehört zu den erfolgreichsten Kindersendungen im deutschsprachigen Fernsehen.

Mit dem 1, 2 oder 3-Quizbuch für Kinder könnt ihr euch auch zu Hause spannende Fragen zu sechs Themen stellen. Aber nicht nur das: In dem 1, 2 oder 3-Quizbuch findet ihr zu jedem Thema unter der Rubrik "Wusstest du schon, dass...?" kuriose Dinge und ungewöhnliche Fakten. Außerdem erfahrt ihr in einer interessanten Fotogeschichte, wie es bei der Produktion der 1, 2 oder 3-Fernsehsendung im Studio zugeht.

## Spielen mit dem Quizbuch

Das Quiz kann mit beliebig vielen Spielern in drei Teams oder auch nur zu zweit gespielt werden. Am Ende des Buches befindet sich eine Kopiervorlage, die ihr am besten für jeden Mitspieler kopiert. Auf der Vorlage trägt jeder Spieler seine Antwort ein, die er pro Frage gewählt hat. Nun heißt es:

*"Ob ihr wirklich richtig steht - seht ihr, wenn ihr durch die Folie seht."*

Denn die Lösung ist unter einem roten Raster versteckt und kann nur durch eine rote Folie sichtbar gemacht werden. (Falls ihr die rote Folie verloren habt, könnt ihr auch eine andere rote Folie benutzen, die es zum Beispiel im Bastelladen zu kaufen gibt.) Die Antwort enthält immer eine knappe Erklärung sowie eine Punktzahl, die sich der Spieler auf die Kopiervorlage aufschreibt. Das Quiz könnt ihr zum Beispiel in zwei Runden spielen:

### Runde 1
Die erste Runde besteht aus 9 Fragen zu 3 Themengebieten. Welche Themengebiete gespielt werden, wird vor der Runde ausgewürfelt. Nun stellen sich die Spieler gegenseitig die Fragen. Jeder Spieler schreibt sich die gewählte Antwort auf die Kopiervorlage und schaut mit der Lösungsfolie nach, welche Antwort die richtige ist und wie viele Punkte es gibt. Spieler mit der richtigen Antwort tragen sich dann die Punktzahl in die Kopiervorlage ein. Spieler mit einer falschen Antwort gehen leer aus. Anschließend werden die Punkte addiert.
Wer mehr Risiko haben möchte, kann auch noch in die zweite Runde gehen.

### Runde 2

In der zweiten Runde würfelt ihr wieder drei Themen aus und stellt euch 6 Fragen. Aber aufgepasst, jetzt heißt es "Risiko", denn nun könnt ihr selbst bestimmen, wie viele Punkte euch eine Frage wert ist. Wie mutig ist das Team? Pro Frage können bis zu 10 Punkte vergeben werden. Aber Vorsicht: Ist die Antwort falsch, werden die Punkte abgezogen.

Nach 6 Fragen ist die Risikorunde zu Ende. Nun wird der Punktestand ausgewertet. Der Spieler mit der höchsten Punktzahl ist der **1,2,3**-Ratekönig.

### Ein Tipp:

Gestellte Fragen könnt ihr mit einem Bleistift ankreuzen, damit ihr genau wisst, welche Fragen schon gespielt wurden.

### Weitere Spielvariante:

Der Spieler, der am schnellsten seine Antwort aufgeschrieben hat, "fertig" ruft und den Stift hingelegt hat, bekommt einen Zusatzpunkt. Aber natürlich nur, wenn er die Frage tatsächlich richtig beantwortet hat.

# Haus- und Hoftiere

Ob Katze auf dem Sofa, Fisch im Aquarium oder Pferd im Stall - hier dreht sich alles ums liebe Vieh. Wer ist von euch der Hof- und Haustierexperte?

 Im Aquarium gibt es verschiedene Geräte, z.B. einen Filter, eine Beleuchtung, aber auch eine Heizung. Warum gibt es im Aquarium eine Heizung?

 Wenn die Fische frieren, schwimmen sie zur Heizung und wärmen sich auf.

**2** Die Heizung sorgt dafür, dass das Wasser gleichmäßig warm bleibt.

 Wenn das Wasser aufgeheizt ist, beginnt es zu sprudeln. Das gefällt den Fischen.

 Wenn es dunkel geworden ist, huschen oft Fledermäuse durch die Luft. Wie orientieren sich Fledermäuse in der Dunkelheit?

 Die Fledermäuse stoßen ständig Ultraschallwellen aus.

 Fledermäuse können in der Dunkelheit sehr gut sehen.

 Die Fledermäuse haben einen sehr feinen Geruchssinn.

**?** Wenn es so richtig warm ist, hecheln Hunde. Warum hecheln Hunde?

**1** Hunde hecheln, weil sie nicht schwitzen können und sich so abkühlen.

**2** Durch Hecheln können Hunde schnell alle Gerüche der Umgebung aufnehmen.

**3** Hunde hecheln kurz bevor sie einschlafen.

**?** Auch Vögel sind abwechslungsreiche Haustiere. Was ist eine Mauser?

**1** Eine Mauser ist eine Krankheit, die vor allem Vögel befällt.

**2** Mauser nennt man den Federwechsel bei Vögeln.

**3** Mauser ist ein anderes Wort für das Balzverhalten bei Vögeln.

**?** Wellensittiche sind als Vögel für daheim sehr beliebt. Wo kommen Wellensittiche ursprünglich her?

**1** Die Wellensittiche leben wild in Australien.

**2** Die Wellensittiche leben nur auf den Galapagos-Inseln.

**3** Die Wellensittiche leben in Griechenland.

 Es gibt viele große und kleine Säugetiere. Welches ist das kleinste Säugetier der Erde?

**1** Mäuse sind sehr kleine Säugetiere.

**2** Die Fledermaus kann sehr klein sein.

**3** Der Igel ist ein sehr kleines Säugetier.

### Wusstest du schon, ...

... dass Pferde sich im Dreck wälzen, um unter anderem sauber zu werden? Durch das Wälzen im Schlamm werden Hautschuppen und abgestorbene Fellreste beseitigt. Ist der Schlamm getrocknet, kann er abgescheuert oder abgeschüttelt werden.

 Mit seinen Stacheln kann sich ein Igel sehr gut schützen. Von was ernährt sich der Igel?

**1** Der Igel ernährt sich von Insekten und Raupen.

**2** Der Igel ernährt sich nur von Flüssigkeiten.

**3** Er trinkt Wasser und Milch.

 Ein Igel hat viele Stacheln. Manchmal rollt er sich ganz schnell zu einer Kugel zusammen. Warum rollt sich der Igel ein?

**1** Der Igel rollt sich bei Gefahr ein.

**2** Der Igel rollt sich zu einer Kugel zusammen, um vorwärts zu kommen.

**3** Igel rollen um die Wette, wenn sie kämpfen wollen.

Der Igel rollt sich bei Gefahr ganz schnell zusammen. So kann er sich vor seinen Feinden schützen. (3 Punkte)

 Bei Pferden unterscheidet man zwischen Vollblut, Warmblut und Kaltblut. Was ist ein Kaltblut?

**1** Ein Kaltblut hat eine niedrige Körpertemperatur.

**2** Ein Kaltblut hat einen sehr schweren Körperbau und ein ruhiges Wesen.

**3** Ein Kaltblut ist besonders leicht.

Ein Kaltblut besitzt einen sehr schweren Körperbau und ein sehr ruhiges Wesen. (3 Punkte)

 Pferde kann man auch nach Temperament und Körperbau unterteilen. Welche Pferde eignen sich gut als Arbeitstiere?

**1** Als Arbeitstiere sind Vollblüter gut geeignet.

**2** Als Arbeitstiere können Warmblüter eingesetzt werden.

**3** Kaltblüter sind besonders kräftige Tiere.

Kaltblüter können wegen ihres Körperbaus und ihrer starken Muskulatur Schwerstarbeit leisten. (3 Punkte)

9

**?** Auf einem Bauernhof lebt auch viel Federvieh. Welcher Vogel heißt auch Truthahn?

**1** Der Fasan wird auch oft Truthahn genannt.

**2** Die männliche Gans, also der Ganter, heißt auch Truthahn.

**3** Die männliche Pute, der Puter, ist auch als Truthahn bekannt.

Der Truthahn ist ein Puter. (2 Punkte)

**?** Chinchillas haben ein sehr schönes Fell. Was ist ein Chinchilla?

**1** Ein Chinchilla ist ein Nagetier.

**2** Chinchillas sind langhaarige Katzen.

**3** Chinchillas sind kleine kurzbeinige Hunde.

Chinchillas sind Nagetiere. Sie können auch als Haustiere gehalten werden. (2 Punkte)

**?** Meerschweinchen sind kleine, niedliche Nagetiere. Wo kommen Meerschweinchen her?

**1** Meerschweinchen kommen ursprünglich aus Australien.

**2** Meerschweinchen kommen aus Peru.

**3** Meerschweinchen kommen aus China.

Die Meerschweinchen kommen aus Peru. (2 Punkte)

 Haustiere sind Tiere, die vom Menschen genutzt werden. Welches Haustier ist am ältesten?

**1** Das älteste Haustier ist das Pferd.

**2** Der Hund hat schon vor langer, langer Zeit bei den Menschen gelebt.

**3** Die Kuh ist schon sehr lange für die Menschen wichtig.

## Wusstest du schon, ...

... dass Hunde durch Schokolade vergiftet werden können? Schokolade enthält nämlich den Stoff "Theobromin", der zwar für den Menschen unschädlich ist, aber für einen Hund in hohen Mengen giftig sein kann.

 Jungtiere haben immer ganz eigene Namen. Was sind Frischlinge?

**1** Frischlinge sind junge Hausschweine.

**2** Frischlinge sind junge Meerschweinchen.

**3** Frischlinge sind junge Wildschweine.

 Viele Vögel werden oft in großen Flugkäfigen gehalten. Wie heißen diese Flugkäfige?

**1** Volièren nennt man diese großen Flugkäfige.

**2** Diese Flugkäfige werden als Terrarium bezeichnet.

**3** Diese Flugkäfige werden als Aquarium bezeichnet.

Die großen Flugkäfige nennt man Volieren. (2 Punkte)

 ## Wusstest du schon, ...

... dass Pferde sowie viele andere Tiere gut im Halbdunkeln sehen können? Sie haben nämlich eine besondere lichtverstärkende Schicht im Auge. Fachleute nennen sie "Tapetum lucidum".

 Katzen sind im Gegensatz zum Hund eher Einzelgänger. Warum schnurren Katzen?

**1** Katzen schnurren, wenn sie sich wohl fühlen.

**2** Die Katzen schnurren, wenn sie ängstlich sind.

**3** Katzen schnurren meistens kurz bevor sie angreifen.

Katzen schnurren, wenn sie sich wohl fühlen. (1 Punkt)

 In der Heide und auf Deichen sind von Frühjahr bis Herbst große Schafherden zu sehen. Wie heißt das männliche Schaf?

 **1** Das männliche Schaf heißt Wallach.

 **2** Ein Widder ist ein männliches Schaf.

 **3** Die männlichen Schafe heißen Bullen.

 Das Schneiden des Haarfells bezeichnet man als Schafschur. In welcher Jahreszeit werden die Schafe geschoren?

**1** Die Schafe werden im Frühjahr geschoren, weil es allmählich wärmer wird.

**2** Wenn es im Sommer richtig heiß wird, werden die Schafe geschoren.

**3** Die Schafe werden im Herbst geschoren, weil die Menschen warme Pullis brauchen.

 Kaschmir ist ein sehr hochwertiges Garn. Es wird aus dem Flaumhaar eines Tieres hergestellt. Von welchem Tier stammt dieses Flaumhaar?

**1** Das Kaschmirgarn stammt von dem Kaschmirkaninchen.

**2** Das Garn stammt von dem Flaumhaar des Kaschmirschafes.

**3** Die Kaschmirziege liefert das Flaumhaar für dieses Garn.

13

**?** Eine Färse gibt es immer auf Bauernhöfen. Was ist eine Färse?

**1** Eine Kuh, die noch kein Kalb bekommen hat, heißt Färse.

**2** Ein weibliches Wildschwein, das noch keine Frischlinge bekommen hat, heißt Färse.

**3** Eine Stute, die noch kein Fohlen bekommen hat, heißt Färse.

**?** Hasen und Kaninchen sehen sich zwar ähnlich, haben aber doch ganz unterschiedliche Lebensgewohnheiten. Wo leben Hasen?

**1** Hasen bauen sich einen Bau unter der Erde.

**2** Hasen suchen sich verlassene Baumhöhlen.

**3** Hasen leben in einer Erdmulde.

**?** Pferde werden nicht nur nach ihrer Rasse, sondern auch nach ihrer Körpergröße unterschieden. Wie wird die Höhe eines Pferdes gemessen?

**1** Die Höhe eines Pferdes wird am Kopf gemessen.

**2** Die Höhe des Pferdes wird am Rücken gemessen.

**3** Für die Größe des Pferdes ist die Beinlänge entscheidend.

 Auf einem Reiterhof gibt es verschiedene Fachbegriffe. Was ist eine Longe?

**1** Eine Longe ist eine Laufleine, mit der man das Pferd im Kreis laufen lässt.

**2** Eine Longe ist der Gemeinschaftsraum auf einem Reiterhof.

**3** Die Longe ist der Gurt, mit dem der Sattel festgemacht wird.

## Wusstest du schon, ...

... dass auch Tiere zum Blutspenden gehen können? Die Blutspenden werden z.B. bei schweren Hundeoperationen eingesetzt.

 Auch Pferde haben ihre Stärken und ihre Schwächen. Was ist unter Pferden ein Steher?

**1** Ein Steher ist ein altes Pferd.

**2** Ein Steher ist ein Pferd, das nur im Stall stehen möchte.

**3** Ein Steher ist ein besonderes Rennpferd.

 Viele Jungtiere werden auch als Nestflüchter bezeichnet. Was sind Nestflüchter?

**1** Nestflüchter sind junge Tiere, die ständig bewacht werden, damit sie nicht weglaufen.

**2** Nestflüchter haben bei der Geburt schon ein Fell und können sehen und hören.

**3** Nestflüchter verlassen nach der Geburt sofort das Nest.

## Wusstest du schon, ...

... dass es Roboter gibt, die bei Kühen die Melkarbeit verrichten können? Die Roboter können zum Beispiel durch Computertechnik die Melkaggregate selbstständig auf- und abhängen sowie den Melkfluss überwachen.

 Auch junge Tiere haben oft schon eine eigene Bezeichnung. Was ist ein Fohlen?

**1** Ein Fohlen ist ein junges Pferd.

**2** Ein Fohlen ist ein junges Schaf.

**3** Ein Fohlen ist ein junges Rind.

 Goldhamster sind sehr beliebte Haustiere. Wie tragen Hamster Vorräte in ihren Bau?

**1** Hamster haben Backentaschen, mit denen sie ihre Vorräte in ihren Erdbau tragen.

**2** Die Hamster tragen die Vorräte mit ihren Pfoten in ihren Bau.

**3** Die Hamster rollen ihre Vorräte in den Bau.

 Eichhörnchen sind flinke, possierliche Tiere. Wie vergräbt ein Eichhörnchen seinen Wintervorrat?

**1** Das Eichhörnchen vergräbt seinen Wintervorrat in einer Baumhöhle.

**2** Das Eichhörnchen vergräbt seinen Wintervorrat in einem unterirdischen Versteck.

**3** Das Eichhörnchen vergräbt seinen Wintervorrat an verschiedenen Stellen.

 Hunde und Katzen haben Krallen an ihren Pfoten. Was ist das Besondere an Katzenkrallen?

**1** Katzen können ihre Krallen einziehen.

**2** Katzenkrallen sind nicht so hart wie Hundekrallen.

**3** Katzenkrallen sind besonders groß.

17

 Liegen Kühe auf der Wiese, kauen sie meistens intensiv. Was heißt Wiederkäuer?

**1** Wiederkäuer kauen ihr Futter sehr lange.

**2** Das Gras wird unzerkaut heruntergeschlungen und kommt in der Ruhezeit wieder in das Maul.

**3** Wiederkäuer heben ihr Futter in ihren Backentaschen auf und kauen es immer wieder.

 Beim Beobachten von Fischen im Aquarium kann man eine Menge lernen. Was schwimmt nicht in einem Aquarium?

**1** Welse sind zu groß, um in einem Aquarium zu schwimmen.

**2** Goldfische fühlen sich in Aquarien nicht wohl.

**3** Fischstäbchen sind eine seltene Fischart.

 Brieftauben werden eingesetzt, um Nachrichten zu überbringen. Wie orientieren sich Brieftauben?

**1** Brieftauben können das Erdmagnetfeld fühlen und sich so orientieren.

**2** Sie lernen mit anderen Brieftauben ihre Umgebung kennen und können dann auch alleine fliegen.

**3** Brieftauben erhalten einen elektronischen Sender, mit dem sie sich orientieren können.

 Laubfrösche sind sehr klein und sehr grün. Warum sind Laubfrösche so grün?

**1** Laubfrösche sind die einzigen Tiere, die auch Photosynthese betreiben.

**2** Sie haben grünes Blut, das durch die Haut schimmert.

**3** Sie sind grün, um sich im grünen Schilf besser verstecken zu können.

## Wusstest du schon, …

… dass kleinste Pony der Welt das Falabella-Pony ist? Es ist mit weniger als 70 cm nur so groß wie ein Schäferhund.

 Junge, kleine Tiere sind immer besonders niedlich. Was sind Welpen?

**1** Welpen sind junge Katzen.

**2** Junge Hunde heißen Welpen.

**3** Junge Kaninchen nennt man auch Welpen.

 Der Hund lebt schon sehr, sehr lange bei den Menschen. Wer ist der Vorfahre des Hundes?

**1** Der Vorfahre des Hundes ist der Wolf.

**2** Füchse sind die Vorfahren der Hunde.

**3** Luchse sind die Vorfahren der Hunde.

*Der Wolf ist der Vorfahre des Hundes. (2 Punkte)*

**? Wusstest du schon, ...**

... dass Bienen sich tanzend verständigen? Durch die Geschwindigkeit und Richtung des Tanzes können die Bienen genau angeben, wo sie ihren Nektar gefunden haben.

 In Nachbars Garten kann man manchmal kleine Sandhügel sehen. Welches Tier hinterlässt diese Hügel?

**1** Der Maulwurf gräbt sich durch die Erde und wirft Sand auf.

**2** Der Igel gräbt sich im Winter in der Erde ein.

**3** Diese Erdhaufen werden von Kaninchen aufgeschüttet.

*Der Maulwurf lebt in Gängen unter der Erde und schüttet diese Haufen auf. (2 Punkte)*

**?** Es ist schön mit Pferden auszureiten, aber mit Pferden werden auch viele Sportarten ausgeübt. Was ist Voltigieren?

**1** Voltigieren ist eine besondere Gangart eines Pferdes.

**2** Voltigieren ist das Turnen auf einem galoppierenden Pferd.

**3** Unter Voltigieren versteht man das Säubern der Hufe.

**?** Maulwürfe bekommt man nur sehr selten zu sehen. Sie sind erstaunlich klein. Welche der folgenden Aussagen zu einem Maulwurf ist falsch?

**1** Der Maulwurf hat große Schaufelhände.

**2** Der Maulwurf frisst Insekten.

**3** Der Maulwurf kann sehr gut sehen.

**?** Kröten machen im Frühjahr lange Wanderungen. Warum unternehmen Kröten diese Wanderungen?

**1** Sie wandern, um ihre Eier abzulegen.

**2** Sie wandern, um sich mit anderen Kröten zu treffen.

**3** Sie wandern in wärmere Gebiete.

**?** Kühe oder Rinder sind für uns sehr wichtig. Von welchem Tier stammen unsere Rinder ab?

**1** Sie stammen vom Yak ab.

**2** Unsere Hausrinder stammen vom Auerochsen ab.

**3** Die Hausrinder stammen vom Bison ab.

(Der Auerochse gilt als der Stammvater unserer Hausrinder. (2 Punkte))

**?** Störche bauen ihre Nester gerne auf hohen Türmen oder auf Dächern. Was ist eigentlich das Klappern des Storches?

**1** Das Klappern erreicht der Storch mit seinen Beinen, die er aneinander reibt.

**2** Wenn der Storch mit seinen Flügeln schlägt, heißt dies Klappern.

**3** Der Storch klappert mit seinem Schnabel.

(Der Storch klappert mit seinem Schnabel. (2 Punkte))

**?** Enten und Schwäne sind auf nahezu jedem See zu finden. Was machen Enten und Schwäne, wenn sie gründeln?

**1** Dann bauen sie ein Nest.

**2** Wenn Enten und Schwäne gründeln, dann balzen sie.

**3** Sie tauchen ihren Oberkörper und ihren Kopf unter Wasser, um Nahrung zu suchen.

(Wenn diese Wasservögel gründeln, tauchen sie ihren Kopf und ihren Oberkörper unter Wasser, um Futter zu suchen. (2 Punkte))

 Auch im Winter bleiben viele Wasservögel hier. Warum frieren diese Vögel nicht?

**1** Sie schwimmen ständig. Daher frieren sie nicht.

**2** Die Vögel fetten ihr Gefieder ein. Dadurch ist es wasserdicht und wärmt.

**3** In den Vogelschutzgebieten finden sie Schutz vor Kälte.

Die Wasservögel haben eine Bürzeldrüse aus Fett jagipi. Mit diesem Fett fetten sie ihr Gefieder ein. Dadurch wärmt es und ist wasserdicht. (2 Punkte)

## Wusstest du schon, ...

...dass einige Geckoarten sogar an glatten, senkrechten Glasscheiben hochklettern können? Auf der Unterseite der breiten flachen Füße befinden sich Lamellen mit hunderttausend kleinen Häkchen. Damit kann sich der Gecko auch an geringen Unebenheiten festhalten.

 Im Frühjahr gibt es an Teichen oft laute Froschkonzerte zu hören. Warum können die Frösche so laut werden?

**1** Die Frösche haben Schallblasen, mit denen das Quaken verstärkt wird.

**2** Die Frösche quaken nur an Orten, wo der Schall sich auch verbreiten kann.

**3** Die Frösche haben so laute Stimmen.

Das Quaken der männlichen Wasserfrösche ist so gut zu hören, weil die Frösche Schallblasen haben. Diese verstärken das Quaken. (2 Punkte)

 Manche Vögel werden auch als Erpel bezeichnet. Was ist ein Erpel?

 Eine männliche Gans wird auch Erpel genannt.

**2** Der Erpel ist eine männliche Ente.

**3** Eine männliche Pute wird auch als Erpel bezeichnet.

 **Wusstest du schon, ...**

...dass Hasen mit ihren langen Hinterbeinen bis 70 Stundenkilometer schnell sein können und dabei noch Haken schlagen, um ihre Verfolger zu verwirren?

 Wer einen großen Hund hält, braucht manchmal auch einen Hundezwinger. Was ist ein Hundezwinger?

**1** Ein Hundezwinger ist ein Trainer in der Hundeschule.

**2** Ein Hundezwinger ist ein besonderes Halsband.

**3** Ein Hundezwinger ist ein großer Käfig, in dem manche Hunde gehalten werden.

 In Parkanlagen sieht man oft einen Pfau. Manchmal schlägt der Pfau auch ein Rad. Was tut der Pfau, wenn er ein Rad schlägt?

**1** Der Pfau schlägt einen Salto beim Laufen.

**2** Er richtet seine Schmuckfedern zu einem Rad auf, um das Weibchen zu beeindrucken.

**3** Der Pfau hüpft in die Höhe und kreischt ganz laut.

 Es gibt viele unterschiedliche Hunde: ganz große und ganz kleine Hunde. Welcher Hund ist der kleinste Hund der Welt?

**1** Der kleinste Hund ist der Mops.

**2** Der Yorkshire Terrier ist der kleinste Hund der Welt.

**3** Der Chihuahua ist bekannt als der kleinste Hund der Welt.

 Tauben kann man eigentlich überall antreffen, im Park oder in der Stadt. Wie nennt man den Gesang der Tauben?

**1** Die Tauben zirpen.

**2** Der Gesang der Tauben heißt auch Klappern.

**3** Wenn die Tauben singen, dann gurren sie.

# Im Urwald

*Exotische Pflanzen, leuchtende Farben und wilde Tiere. Wer kennt sich von euch am besten im Regenwald aus?*

 Der Regenwald ist ein immergrüner Wald mit vielen Tieren und Pflanzen. Wo wächst denn der Regenwald?

 Der Regenwald wächst überall dort, wo es regnet.

 Der Regenwald wächst in heißen und feuchten Gebieten der Tropen.

 Der Regenwald wächst nur in Südamerika.

 In Südostasien lebt der Fliegende Hund, der Kalong. Was für ein Tier ist der Fliegende Hund?

 Der Fliegende Hund ist ein Fisch, der in den tropischen Gewässern lebt.

 Der Fliegende Hund ist ein fledermausartiges Tier.

 Der Fliegende Hund ist eine Echse, die von einem Ast zum anderen gleiten kann.

**?** In Dschungelfilmen schwingen sich die Helden oft an Lianen von einem Baum zum anderen. Was sind Lianen?

**1** Lianen sind Luftwurzeln von Bäumen.

**2** Lianen sind herabhängende Äste des Lianenbaumes.

**3** Lianen sind Kletterpflanzen. Sie ranken sich an Büschen und Bäumen empor.

*Lianen sind Kletterpflanzen. Sie kommen massenhaft im Regenwald vor. Lianen bilden keinen eigenen Stamm aus und ranken sich daher an Bäumen und Büschen empor. (3 Punkte)*

**?** Im Regenwald gibt es viele seltene Lebensformen. Zum Beispiel die Würgefeige. Was ist eine Würgefeige?

**1** Eine Würgefeige ist eine Fleisch fressende Pflanze, die Insekten fängt.

**2** Es ist eine Pflanze, die um einen anderen Baum herumwächst. Der Baum stirbt dann ab.

**3** Die Würgefeige ist, wie der Name schon andeutet, eine übelschmeckende Frucht.

*Die Würgefeige wächst um den Ast eines Baumes. Schlängelt sich bis an den Boden. Der Baum wird erstickt und stirbt allmählich ab. (2 Punkte)*

**?** Im Regenwald gibt es viele Früchte, die leuchtende Farben haben. Warum sind die Früchte so bunt?

**1** So werden Tiere angelockt, die die Früchte fressen und die Samen verbreiten.

**2** Früchte, die so bunt sind, sind giftig. Die Farbe meint: Achtung, nicht fressen.

**3** Erst wenn die Früchte richtig bunt sind, sind sie reif.

*Die Früchte sind so leuchtend bunt, um Vögel oder Säugetiere anzulocken, die diese Früchte fressen und die Samen der Früchte dann mit ihrem Kot ausscheiden. (3 Punkte)*

**?** Im Regenwald gibt es viele exotische Pflanzen und Tiere. Was ist eine Tamarinde?

**1** Eine Tamarinde ist eine sehr giftige Schlange, deren Biss für einen Menschen tödlich ist.

**2** Es ist eine Rinde von vielen tropischen Bäumen, an der Pflanzen besonders gut klettern können.

**3** Es ist ein Fruchtbaum, der weit verbreitet ist. Aus dem Fruchtmus werden z. B. Limonaden hergestellt.

**?** Im Regenwald gibt es oft Mangroven. Was sind Mangroven?

**1** Mangroven sind Fleisch fressende Pflanzen.

**2** Mangroven sind Feuchtwälder in den Tropen.

**3** Mangroven sind riesige Pilze in den Regenwäldern.

**?** Das Land Ecuador wurde nach dem Äquator benannt. Was ist der Äquator?

**1** Der Äquator ist eine gedachte Trennlinie zwischen Nord- und Südhalbkugel.

**2** Ein langer Fluss im Regenwald.

**3** Ein hoher Berg in Südamerika.

 Vieles, was gefährlich klingt, ist manchmal ganz harmlos. Was ist eine Federboa?

**1** Eine Federboa ist eine Schlange mit einer bunten Haut.

**2** Eine Federboa ist ein langer Schal.

**3** Eine Federboa ist eine Pflanze.

Eine Federboa ist ein langer, schmaler Schal aus Federn. (2. Punkt)

## Wusstest du schon, ...

*...dass der Flugfrosch von Baum zu Baum "fliegen" kann? Die Haut zwischen seinen Zehen befähigt ihn zum Gleitflug.*

 Im Regenwald leben auch Menschen. Wie leben die Einwohner des Regenwaldes?

**1** Sie leben in hohen Häusern.

**2** Die Einwohner des Regenwaldes leben in kleinen Dörfern.

**3** Die Einwohner des Regenwaldes leben in Booten.

Die Einwohner des Regenwaldes leben in Dörfern. (2. Punkt)

**?** Der Regenwald ist reich an Pflanzen und Tieren. Warum wachsen die Pflanzen im Regenwald so gut?

**1** Im Regenwald ist es sehr selten windig.

**2** Im Regenwald ist es gleichmäßig warm und feucht.

**3** Die Pflanzen im Regenwald wachsen besser in der Gemeinschaft.

Die Pflanzen im Regenwald gedeihen so gut, weil es gleichmäßig warm und feucht ist. (2 Punkte)

## Wusstest du schon, ...

... dass Aufsitzerpflanzen (Epiphyten) Baumkronen und Äste als Träger besiedeln, um der Finsternis im Urwald zu entgehen?

**?** Der Jaguar ist eine große Raubkatze. Wo lebt der Jaguar?

**1** Der Jaguar lebt in Afrika.

**2** Der Jaguar ist im asiatischen Regenwald anzutreffen.

**3** Der Jaguar lebt im südamerikanischen Regenwald.

Der Jaguar bewohnt den südamerikanischen Regenwald. Seine schönes Fell ist sehr begehrt, daher ist sein Bestand bedroht. (2 Punkte)

 Der Amazonas ist der größte Fluss in Südamerika. In welchen Ozean mündet der Amazonas?

 Der Amazonas mündet in den Atlantischen Ozean.

 Der Amazonas mündet in den Pazifischen Ozean.

**3** Der Amazonas mündet in den Indischen Ozean.

 Eine bekannte Affenart im südamerikanischen Regenwald sind die Brüllaffen. Warum heißen diese Affen Brüllaffen?

 Kämpfen männliche Brüllaffen miteinander, gewinnt der Affe mit der lautesten Stimme.

 Sie wurden nach dem Forscher benannt, der sie entdeckt hat. Der Forscher trug den Namen Brüll.

**3** Sie heißen Brüllaffen, weil sie eine sehr laute Stimme haben.

 In Afrika gibt es den Kongo. Was ist der Kongo?

 Der Kongo ist ein sehr großer Fluss.

 Der Kongo ist ein sehr hoher Berg.

 Der Kongo ist eine Wüste.

**?** In Afrika gibt es auch Regenwälder. In welcher Region von Afrika gibt es Regenwald?

**1** Der Norden Afrikas ist mit Regenwald bewachsen.

**2** In Zentralafrika gibt es dichten Regenwald.

**3** Im Süden Afrikas gibt es ein großes Gebiet mit Regenwald.

*In Zentral- und Westafrika gibt es Regenwald. (2 Punkte)*

**?** Auch in den afrikanischen Regenwäldern gibt es Ureinwohner. Wie nennen sich die Ureinwohner des afrikanischen Regenwaldes?

**1** Die Einwohner des afrikanischen Regenwaldes heißen Pygmäen.

**2** Die Ureinwohner des afrikanischen Regenwaldes heißen Yamomami.

**3** Punan heißen die Ureinwohner des afrikanischen Regenwaldes.

*Die Ureinwohner des afrikanischen Regenwaldes heißen Pygmäen. (2 Punkte)*

**?** Auf ihren Expeditionen in den Regenwald nehmen Forscher immer Gegengifte mit. Warum nehmen Forscher Gegengifte mit?

**1** Werden die Forscher von Tieren angegriffen, können sie sich mit Giftspritzen verteidigen.

**2** Forscher nehmen zur Vorsorge Gift ein, um sich daran zu gewöhnen.

**3** Werden sie von einem giftigen Tier gebissen, kann das Gift mit einem Gegengift neutralisiert werden.

*Werden die Forscher von giftigen Tieren gebissen, können sie mit dem Gegengift das Gift neutralisieren. (2 Punkte)*

 Aus Pflanzen des Regenwaldes werden viele Heilmittel hergestellt. Welches Heilmittel kommt nicht aus dem Regenwald?

**1** Curare, das aus Rinde gewonnen wird.

**2** Aspirin®, das aus einer Pflanze gewonnen wird.

**3** Chinin, das aus dem Chinarindenbaum gewonnen wird.

Aspirin® ist ein weltbekanntes Schmerzmittel, das chemisch hergestellt wird. (2 Punkte)

## Wusstest du schon, ...

... dass der Tomatenfrosch zu den wenigen Fröschen gehört, die Zähne haben? Der nachtaktive Frosch lebt in den Urwäldern Madagaskars.

 Im Regenwald leben auch verschiedene Menschenaffen. Welcher Menschenaffe wird am größten?

**1** Der Schimpanse ist der größte Menschenaffe.

**2** Der Orang-Utan ist der größte Menschenaffe.

**3** Der größte Menschenaffe ist der Gorilla.

Der Gorilla ist der größte Menschenaffe. (2 Punkte)

 Regenwald gibt es auf verschiedenen Kontinenten. Wo liegt das größte Regenwaldgebiet der Erde?

 **1** Das größte Regenwaldgebiet gibt es in Südamerika.

**2** Den größten Regenwald gibt es in Südostasien.

 **3** Die Regenwaldgebiete in Afrika sind am größten.

Das Regenwaldgebiet in Südamerika ist das größte. (2 Punkte)

## Wusstest du schon, ...

... dass das Thermometerhuhn Südostasiens beim Brüten die Temperatur messen kann? Das Weibchen legt die Eier und das Männchen sorgt dafür, dass sie immer die richtige Temperatur haben. Denn mit seinen empfindlichen Organen kann es selbst kleine Temperaturschwankungen wahrnehmen.

 Der Gorilla lebt auch im Regenwald. In welchem Regenwaldgebiet lebt der Gorilla?

 **1** Der Gorilla lebt im afrikanischen Regenwald.

**2** Der Gorilla lebt auf Borneo.

 **3** Die Gorillas leben im südamerikanischen Regenwald.

Die Gorillas leben im Regenwald in Afrika. (2 Punkte)

 Im Regenwald kann man oft Frösche auf den Bäumen sehen. Warum können im Regenwald Frösche auf Bäumen leben?

**1** Sie können auf Bäumen leben, weil es im Regenwald so feucht ist.

**2** Sie können auf Bäumen leben, weil sie kein Wasser zum Leben brauchen.

**3** Sie leben auf den Bäumen, um die bunten Blumen anzuschauen.

 In Südostasien lebt der Flugdrache. Wie bewegt sich der Flugdrache von Baum zu Baum?

**1** Der Flugdrache hat Flügel, mit denen er fliegen kann.

**2** Der Flugdrache hat Hautsegel am Körper.

**3** Der Flugdrache benutzt große Blätter als Gleitschirm.

 Im Regenwald gibt es viele seltene Pflanzen. Wozu haben Pflanzen Luftwurzeln?

**1** Mit den Luftwurzeln filtern Pflanzen Nährstoffe und Feuchtigkeit aus der Luft.

**2** Pflanzen haben Luftwurzeln, um Insekten anzulocken.

**3** Luftwurzeln messen die Regenmengen in der Luft.

**?** Im Regenwald gibt es auch einige Fleisch fressende Pflanzen. Was fressen Fleisch fressende Pflanzen?

**1** Diese Pflanzen fressen nur Vögel.

**2** Die Fleisch fressenden Pflanzen ernähren sich von Insekten und kleinen Tieren.

**3** Die Fleisch fressenden Pflanzen ernähren sich von größeren Säugetieren.

**?** Im Regenwald gibt es viele schöne Schmetterlinge. Welche Farbe hat der Morphofalter?

**1** Der Morphofalter ist zitronengelb.

**2** Der Morphofalter ist so rot wie Mohnblüten.

**3** Der Morphofalter ist schillernd blau.

**?** In vielen Tropengebieten gibt es Tiere, die Palmendiebe heißen. Was sind Palmendiebe?

**1** Palmendiebe sind Krebse, die auf Bäume klettern können.

**2** Palmendiebe sind Affen, die Kokosnüsse klauen.

**3** Ein Palmendieb ist ein sehr schöner, bunter Schmetterling.

 Im Regenwald gibt es auch Insektivoren, wie Wissenschaftler sie nennen. Was sind Insektivoren?

**1** Insektivoren sind noch lebende große Echsen.

**2** Fleisch fressende Pflanzen nennt man auch Insektivoren.

**3** Insektivoren sind große Libellen, die besonders im Regenwald leben.

 ## Wusstest du schon, ...

... dass der größte bekannte Süßwasserfisch der "Arapaima" im Amazonas ist? Er kann mehr als 2 Meter lang und über 100 kg schwer werden.

 In den Regenwäldern leben auch Piranhas. Warum sind diese Fische so gefürchtet?

**1** Piranhas sind sehr große Raubfische.

**2** Piranhas sind sehr giftige Fische.

**3** Piranhas tauchen in großen Schwärmen auf und greifen ihre Beute an.

**?** Tukane leben im südamerikanischen Regenwald. Sie werden auch Pfefferfresser genannt. Was ist ein besonderes Merkmal von Tukanen?

**1** Tukane können sehr schnell fliegen.

**2** Die Tukane sind bekannt für ihre großen Augen.

**3** Die Tukane haben einen sehr großen und bunten Schnabel.

Die Tukane haben einen großen und bunten Schnabel. (1 Punkt)

## Wusstest du schon, ...

... dass Indianer im Regenwald das Gift von dem Giftpfeilfrosch für Blasrohrpfeile verwenden?

**?** Im südamerikanischen Regenwald lebt ein sehr schönes Tier, der Ozelot. Was für ein Tier ist der Ozelot?

**1** Der Ozelot ist eine Raubkatze.

**2** Der Ozelot ist ein bunter Papagei.

**3** Der Ozelot ist ein seltener Schmetterling.

Der Ozelot ist eine kleine Raubkatze mit einem sehr schönen Fell. Wegen des Fells ist er vom Aussterben bedroht. (1 Punkt)

**?** Im Regenwald leben viele Tiere. Welches dieser Tiere lebt nicht im Regenwald?

**1** Der Panther lebt nicht im Regenwald.

**2** Der Löwe lebt nicht im Regenwald.

**3** Der Tiger lebt nicht in den Tropen.

Der Löwe lebt in der afrikanischen Steppe. (2 Punkte)

**?** Im Regenwald gibt es ganz besondere Pflanzen: die Aufsitzerpflanzen. Was sind Aufsitzerpflanzen?

**1** Aufsitzerpflanzen sind Pflanzen, die auf Bäumen wachsen.

**2** Aufsitzerpflanzen lassen sich für eine Zeit auf dem Rücken von größeren Tieren nieder.

**3** Aufsitzerpflanzen wachsen an Wurzeln von Bäumen.

Aufsitzerpflanzen sind Pflanzen, die auf Bäumen wachsen. Sie haben keine Wurzeln, die in der Erde verankert sind. (3 Punkte)

**?** Im Regenwald wird hin und wieder ein Wipfelfloß von einem Zeppelin abgesetzt. Wozu wird dieses Wipfelfloß verwendet?

**1** Von diesem Wipfelfloß aus können Touristen das bunte Treiben im Regenwald beobachten.

**2** Das Wipfelfloß wird als Forschungsstation verwendet.

**3** Dort können sich dann verschiedene Tiere aufhalten. Dabei werden sie von Forschern beobachtet.

Das Wipfelfloß ist eine Forschungsstation. Von hier aus können Forscher das Tropendach des Regenwaldes erforschen. (2 Punkte)

 In Südostasien lebt die Königskobra. Warum ist die Königskobra gefährlich?

**1** Die Königskobra ist eine sehr giftige Schlange.

**2** Die Königskobra ist eine große Würgeschlange.

**3** Die Königskobra ist nicht gefährlich. Sie ist klein und harmlos.

 Im Regenwald haben verschiedene Pflanzen auch Brettwurzeln. Was sind Brettwurzeln?

**1** Brettwurzeln sind Luftwurzeln, die quer in der Luft wachsen.

**2** Brettwurzeln wachsen ganz steil in die Erde.

**3** Brettwurzeln sind sehr dicke, hohe Wurzeln.

 Im Regenwald gibt es sehr schöne Bromelien. Was ist ein Bromelienteich?

**1** Ein kleiner See, in dem viele Bromelien wie z.B. Seerosen wachsen, ist ein Bromelienteich.

**2** Die Bromelien wachsen auch auf Bäumen. Viele nebeneinander, sind ein Bromelienteich.

**3** Die Bromelie ist eine Pflanze, die einen Trichter hat. In diesem Trichter sammelt sich Wasser.

 Auf Madagaskar leben die Lemuren. Was sind Lemuren?

**1** Lemuren sind kleine Affen.

**2** Lemuren sind bunte Echsen.

**3** Lemuren sind kleine, flinke Raubkatzen.

## Wusstest du schon, ...

... dass die Riesenblume "Rafflesia" eine Blüte von knapp einem Meter Durchmesser hat? Die purpurfarbene Blume ist als größte Blume der Welt nur in den tropischen Regenwäldern Südostasiens zu finden. Sie verströmt im Gegensatz zu anderen Blumen einen unangenehmen Geruch.

 Im Regenwald gibt es viele Insekten. Was sind Blattschneiderameisen?

**1** Blattschneiderameisen können mit scharfen Zangen Stücke aus Blättern herausschneiden.

**2** Blattschneiderameisen leben nur auf einer Pflanze, der Blattschneiderpflanze.

**3** Blattschneiderameisen sind Ameisen, die ganz grün sind.

 Im Regenwald gibt es verschiedene Früchte. Was sind Papayas?

**1** Papayas sind kleine Beeren.

**2** Die Papaya ist eine besondere Bananenart.

**3** Papayas sind melonenartige Früchte.

*Papayas sind melonenartige Früchte. Sie schmecken saftig und süß. (2 Punkte)*

 ## Wusstest du schon, ...

*... dass sich das Faultier unter anderem so langsam bewegt, damit es nicht von Feinden wahrgenommen wird? Auch sein Fell bietet dabei eine perfekte Tarnung, denn durch die Feuchtigkeit im Regenwald bilden sich grüne Algen im Fell.*

 Flughörnchen kennt man vielleicht aus Comicgeschichten. Können Flughörnchen fliegen?

**1** Flughörnchen haben Flügel. Wenn sie mit den Flügeln schlagen, können sie auch fliegen.

**2** Flughörnchen haben Flugsegel zwischen Armen und Beinen. Sie können damit gleiten, aber nicht fliegen.

**3** Flughörnchen können nicht fliegen und nicht gleiten. Sie heißen nur so.

*Die Flughörnchen gleiten mit ihren Flugsegeln, die sie zwischen ihren Armen und Beinen haben. (2 Punkte)*

 Auch das Chamäleon lebt im Regenwald. Was kann ein Chamäleon?

 Ein Chamäleon kann seine Hautfarbe der Umgebung anpassen.

Ein Chamäleon kann brüllen wie ein Löwe.

Ein Chamäleon kann sehr weit springen.

 Manche Tiere werden auch als fliegende Edelsteine bezeichnet. Wer sind die fliegenden Edelsteine?

Die fliegenden Edelsteine sind die Morphofalter.

Die fliegenden Edelsteine sind die Tukane.

Die fliegenden Edelsteine sind die Kolibris.

 Die kleinsten Vögel der Welt leben auch im Regenwald. Wie heißen diese Vögel?

Die kleinsten Vögel der Welt heißen Kolibris.

Die Tukane sind die kleinsten Vögel der Welt.

Die kleinsten Vögel der Welt heißen Aras.

43

# Urzeit und Dinosaurier

*Ab in die Zeitmaschine und los geht's mit Fauchi in die Vergangenheit. Wie lebten wohl damals die Dinosaurier?*

**?** Es gab früher viele Urtiere, nicht nur Dinosaurier. Was konnten Dinosaurier alles?

**1** Dinosaurier lebten nur auf dem Land.

**2** Dinosaurier lebten auf dem Land und im Wasser.

**3** Dinosaurier lebten auf dem Land, im Wasser und in der Luft.

**?** Dinosaurier waren Reptilien. Wie pflanzten sich Dinosaurier fort?

**1** Dinosaurier brachten ihre Jungen wie die Säugetiere lebendig zur Welt.

**2** Die Dinosaurier brüteten ihre Eier aus.

**3** Alle Dinosaurier vergruben ihre Eier im warmen Sand.

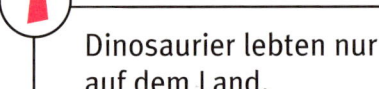

 Das Mammut ist eine große Elefantenart, die vor langer Zeit ausgestorben ist. Warum gibt es in Dinosaurierfilmen nie ein Mammut zu sehen?

**1** Das Mammut ist zu zottelig und sieht einfach zu lieb aus.

**2** Sie lebten zur gleichen Zeit, aber an verschiedenen Orten.

**3** Mammuts lebten zu einer Zeit, als die Dinosaurier schon ausgestorben waren.

 In Dinofilmen werden oft sehr große Echsen gezeigt. Waren denn alle Dinosaurier riesengroß?

**1** Alle Dinos waren riesengroß. Es gab keinen, der kleiner als 2 Meter war.

**2** Sie waren eigentlich gar nicht so groß. Das ist nur in den Filmen so.

**3** Viele Dinosaurier waren zwar groß, aber es gab auch viele kleine Saurier.

 Dinosaurier hatten immer einen riesigen Appetit. Waren Dinosaurier Pflanzenfresser oder Fleischfresser?

**1** Dinosaurier waren nur Pflanzenfresser.

**2** Alle Dinosaurier waren gefährliche Raubtiere, also Fleischfresser.

**3** Es gab sowohl Raubtiere, also Fleischfresser, als auch reine Pflanzenfresser unter den Dinosauriern.

45

**?** Die Welt der Dinosaurier ist eine faszinierende Welt. Woher weiß man heute, wie die Dinosaurier gelebt haben?

**1** Die Steinzeitmenschen haben Bilder in ihren Höhlen gemalt.

**2** Fossilien und Skelette geben ein sehr genaues Bild von den Dinosauriern.

**3** Handschriften aus dem Mittelalter berichten ausführlich über das Leben der Dinosaurier.

*Fossilien und Skelette zeigen genau, wie die Dinosaurier ausgesehen haben. (2 Punkte)*

**?** Das Leben der Menschen war schon immer sehr gefährlich. Wie haben sich die Menschen vor den Dinosauriern geschützt?

**1** Die Menschen hatten das Feuer. Da haben sich auch Dinosaurier nicht herangetraut.

**2** Die Menschen haben sehr gefährliche Speere und andere Waffen entwickelt, um sich zu schützen.

**3** Die Menschen mussten sich nicht vor Dinosauriern schützen. Sie lebten nicht zur selben Zeit.

*Menschen und Dinosaurier haben gar nicht zur selben Zeit gelebt. (2 Punkte)*

**?** Dinosaurier lebten vor langer Zeit. Wann sind die Dinosaurier denn ausgestorben?

**1** Die Dinosaurier sind am Ende der Kreidezeit ausgestorben, also vor 65 Millionen Jahren.

**2** Vor 135 Millionen Jahren, also am Ende des Jura, starben die Dinosaurier aus.

**3** Die Dinosaurier starben am Ende der Trias aus, also vor 225 Millionen Jahren.

*Die Dinosaurier starben vor 65 Millionen Jahren aus, am Ende der Kreidezeit. (2 Punkte)*

 Es gab viele Dinosaurier, die groß und stark waren. Welcher Saurier war der stärkste?

**1** Der Tyrannosaurus Rex war der stärkste Dinosaurier.

**2** Der Brachiosaurus war ein sehr großer und auch sehr starker Dinosaurier.

**3** Der Triceratops besaß drei Hörner und war daher sehr stark.

## Wusstest du schon, ...

*... dass die Velociraptoren mit zwei 9 cm langen sichelartigen, messerscharfen Klauen bewaffnet waren?*

 Manche Dinosaurier haben sich auch von den Eiern anderer Dinosaurier ernährt. Welcher Dinosaurier war auch als Eierdieb bekannt?

**1** Der Oviraptor, ein 1,80 Meter langer Dinosaurier, der einen kräftigen Kiefer und nur einen Zahn besaß.

**2** Der Allosaurier, ein großer 11 bis 12 Meter langer Raubdinosaurier.

**3** Der Brontosaurus, ein bekannter Pflanzenfresser.

47

 In Museen kann man heute noch der geheimnisvollen Welt der Dinosaurier nachspüren. Was ist ein Diorama?

**1** Ein Diorama ist ein Diavortrag, den man in einem Museum anhören kann.

**2** Ein Diorama ist eine landschaftlich schöne Aussicht.

**3** Ein Diorama ist eine künstliche Landschaft mit Tieren und Pflanzen, die man betrachten kann.

## Wusstest du schon, ...

*... dass die ältesten Überreste eines urzeitlichen Kriechtieres, die man bisher gefunden hat, ca. 235 Millionen Jahre alt sind? Der Forscher Jorge Ferigolo machte den Fund in Südbrasilien.*

 Skelette von Dinosauriern geben Aufschluss über das Leben der Dinosaurier. Wie erkennt man das Gebiss eines Pflanzenfressers?

**1** Ein Pflanzenfresser hat nur sehr wenige Zähne.

**2** Pflanzenfresser haben abgeplattete Zähne, um ihre Nahrung zu zermahlen.

**3** Pflanzenfresser haben immer zwei spitze Zähne und dann noch abgeplattete Zähne.

 Interessant ist es auch zu wissen, wie schnell ein Dinosaurier laufen konnte. Wie können Wissenschaftler die Laufgeschwindigkeit eines Dinos ermitteln?

**1** Die Fußspuren zeigen, wie groß, schwer und schnell ein Dino war.

**2** Das Skelett und die Muskulatur weisen auf die Geschwindigkeit hin.

**3** Von der Größe eines Dinosauriers konnte man auf die Geschwindigkeit schließen.

 Der Triceratops war ein Horn-Dinosaurier. Wie viele Hörner hatte Triceratops?

**1** Der Triceratops hatte ein Horn auf der Nase.

**2** Der Triceratops hatte drei Hörner.

**3** Der Triceratops hatte vier Hörner.

 Die Horndinosaurier, z. B. der Triceratops, waren Pflanzenfresser. Welches Merkmal hatten die Horndinosaurier außer ihren Hörnern noch?

**1** Die Horndinosaurier aßen sehr gerne auch mal Eier.

**2** Sie hatten alle eine gebogene, schnabelähnliche Schnauze.

**3** Alle Horndinosaurier haben immer in einer Herde gelebt.

 In der Jurazeit lebten sehr viele Pflanzen fressende Riesendinosaurier wie z. B. der Brachiosaurus. Wie konnten sich die Riesendinosaurier verteidigen?

**1** Sie verteidigten sich mit ihrem langen Schwanz, den sie wie eine Peitsche benutzten.

**2** Sie stellten sich auf die Hinterbeine und konnten die Feinde damit vertreiben.

**3** Die Riesendinosaurier konnten furchterregend fauchen. So schlugen sie ihre Feinde in die Flucht.

 Die Dinosaurier lebten zu einer bestimmten Zeit der Erdgeschichte. Wie heißt die Zeit, zu der die Dinosaurier lebten?

**1** Die Dinosaurier lebten im Erdaltertum, dem Paläozoikum.

**2** Im Erdmittelalter, im Mesozoikum, lebten die Dinosaurier.

**3** Die Dinosaurier lebten in der Erdneuzeit, im Känozoikum.

 Vor langer Zeit sahen die Kontinente anders aus als heute. Was war Pangäa?

**1** Pangäa nennt man den riesigen Urkontinent, der am Ende der Trias in zwei Teile auseinander brach.

**2** Pangäa ist die Bezeichnung für den nördlichen Superkontinenten.

**3** Pangäa bezeichnet den südlichen Superkontinenten.

 Als die Dinosaurier lebten, lebten auch noch andere Tiere. Warum gehörten die Pterosaurier nicht zu den Dinosauriern?

**1** Weil die Pterosaurier Eier legten.

**2** Die Pterosaurier konnten fliegen.

**3** Die Pterosaurier hatten eine glatte Haut.

## Wusstest du schon, ...

... dass Forscher in fossilen Eiern von 80 Millionen Jahre alten Titanosaurier sogar die versteinerte Haut von Embryonen erkennen konnten?

 Elasmosaurier schwammen im Wasser und hatten einen langen Hals, der doppelt so lang war wie ihr Körper. Warum hatten sie einen so langen Hals?

**1** Sie hatten einen so langen Hals, um Beutetiere im Wasser und in der Luft fangen zu können.

**2** Den langen Hals brauchten sie, um sich im Wasser zu orientieren.

**3** Mit dem langen Hals konnten sie besser die jungen Elasmosaurier beaufsichtigen.

 Die Riesendinosaurier hatten eine eigenartige Angewohnheit. Sie verschluckten Steine. Warum verschluckten die Riesendinosaurier Steine?

**1** Wenn es keine andere Nahrung mehr gab, fraßen die Riesendinosaurier auch mal Steine.

**2** Sie sahen schlecht. Daher haben sie hin und wieder auch mal Steine geschluckt.

**3** Um die Pflanzenteile im Magen zu zerreiben, wurden die Steine geschluckt.

Die Steine wurden geschluckt, um die Pflanzenteile im Magen zu zerreiben. (3 Punkte)

## Wusstest du schon, ...

... dass die meisten Dromaeosaurier in China, Nordamerika und in der Mogolei gefunden wurden?

 Der Ankylosaurus hatte mit dicken Knochenplatten einen undurchdringlichen Panzer. Der Ankylosaurus hatte aber noch eine sehr wirksame Waffe. Welche?

**1** Der Ankylosaurus hatte am Ende seines Schwanzes eine knöcherne Keule.

**2** Der Schwanz des Ankylosaurus war mit spitzen Stacheln bestückt.

**3** Der Ankylosaurus hatte einen langen Schwanz, mit dem er peitschenartige Schläge austeilen konnte.

Der Ankylosaurus hatte eine knöcherne Keule am Schwanzende. (2 Punkte)

 Manche Dinosaurier wurden auch nach bestimmten Gesichtsmerkmalen benannt. Wie wurden die Hadrosaurier auch noch benannt?

 Die Hadrosaurier heißen auch Gänseschnabel-Dinosaurier.

 Die Hadrosaurier heißen Entenschnabel-Dinosaurier.

**3** Die Hadrosaurier sind auch bekannt als Tukanschnabel-Saurier.

 Das Leben auf der Erde hat sich bereits vor langer Zeit entwickelt. Was waren die ersten Lebensformen auf der Erde?

 Die ersten Lebewesen auf der Erde waren Menschen.

 Dinosaurier lebten als erste Lebewesen auf der Erde.

**3** Das Leben auf der Erde entwickelte sich aus Bakterien und Algen.

 Es gab vor langer Zeit sehr unterschiedliche Dinosaurier. Was war ein Dimetrodon?

 Ein Saurier mit einem Segel auf dem Rücken.

 Der Dimetrodon ist ein Saurier mit einem langen Hals.

**3** Der Dimetrodon ist ein aufrecht laufender Saurier.

 Der Mensch lebt schon sehr lange auf der Erde. Wie lange lebt der Mensch auf der Erde?

**1** Den Menschen gibt es seit etwa 300 000 Jahren.

**2** Den Menschen gibt es seit etwa 2,5 Millionen Jahren auf der Erde.

**3** Der Mensch lebt bereits seit 120 Millionen Jahren auf der Erde.

 Viele Dinosaurier waren große Reptilien. Welche Tiere gelten heute als Nachfahren der Dinosaurier?

**1** Die Säugetiere sind die direkten Nachfahren der Dinosaurier.

**2** Die Reptilien sind die Nachfahren der Dinosaurier.

**3** Die Vögel sind die Nachfahren der Dinosaurier.

 Die ersten Menschen haben ihre Höhlen mit verschiedenen Zeichnungen geschmückt. Was konnte man auf den Höhlenzeichnungen sehen?

**1** Die meisten Menschen haben Dinosaurier auf die Höhlenwände gezeichnet.

**2** Die Menschen haben auf die Höhlenwände Häuser gemalt, in denen sie gerne wohnen würden.

**3** Die Menschen haben sehr oft Tiere ihrer Umgebung an die Wand gemalt.

 Über Dinosaurier weiß man viel, da es Fossilien gibt. Was aber sind lebende Fossilien?

**1** Pflanzen oder Tiere, die es schon über viele Millionen Jahre gibt, sind lebende Fossilien.

**2** Tiere, die sehr alt werden können, sind lebende Fossilien.

**3** Tiere, die in Steinen eingeschlossen leben, sind lebende Fossilien.

*Lebende Fossilien sind Tiere oder Pflanzen, die es schon seit sehr langer Zeit gibt. (1 Punkt)*

## Wusstest du schon, ...

*... dass der Mamenchisaurus einen ca. 11 m langen Hals hatte? Aufgrund des Halses konnte er als Pflanzenfresser gut Blätter und junge Triebe von Bäumen fressen.*

 Es gibt Tiere, die haben sich über eine lange Zeit nicht verändert. Was ist das Besondere am Schnabeltier?

**1** Das Schnabeltier ist das einzige Säugetier, das Eier legt.

**2** Das Schnabeltier unternimmt lange Wanderungen, um zu überwintern.

**3** Es heißt zwar Schnabeltier, hat aber gar keinen Schnabel.

*Das Schnabeltier ist in Australien zu Hause und ist das einzige Säugetier, das Eier legt. (1 Punkt)*

 Vor langer Zeit lebte der Allosaurus. Was war der Allosaurus?

 Der Allosaurus ernährte sich nur von Pflanzen.

 Der Allosaurus war auch ein Fleisch fressender Dinosaurier.

**3** Der Allosaurus war als Flugsaurier bekannt.

### Wusstest du schon, ...

... dass man erst seit 200 Jahren nach den Dinos wissenschaftlich forscht? Die Dinosaurierforschung ist ein Teil der Paläontologie, der Wissenschaft zur Erforschung der Lebewesen im Verlaufe der Erdgeschichte.

 Unter Dinosauriern kann sich jeder was vorstellen. Was bedeutet aber das Wort Dinosaurier?

 Dinosaurier heißt 'Große Echse'.

 Dinosaurier heißt 'Wilde Echse'.

 Dinosaurier heißt 'Schreckliche Echse'.

 Über die Dinosaurier weiß man viel, obwohl man nie einen lebenden gesehen hat. Was weiß man heute aber immer noch nicht über die Dinosaurier?

**1** Man weiß immer noch nicht, wie schnell sie laufen konnten.

**2** Man kann immer noch nichts über die Farbe der Haut der Dinosaurier sagen.

**3** Es ist immer noch unbekannt, wie alt die Dinosaurier wurden.

 An vielen Stellen der Erde wurden bereits Knochen von Dinosauriern gefunden. Wo wurden bisher noch keine Knochen von Dinosauriern gefunden?

**1** In Europa wurden noch keine Knochen gefunden.

**2** Am Südpol konnten noch keine Fossilien von Dinosauriern entdeckt werden.

**3** In Afrika wurden noch keine Knochen von Dinosauriern gefunden.

 Ein Brachiosaurus ist ein bekannter Dinosaurier. Wie sieht ein Brachiosaurus aus?

**1** Ein Brachiosaurus war eine kleine, schnelle Echse.

**2** Der Brachiosaurus hatte ein Nackenschild und drei Hörner.

**3** Der Brachiosaurus war ein riesiger Dinosaurier mit einem langen Hals und einem langen Schwanz.

 **Der Stegosaurus hatte ein ziemlich kleines Gehirn. Wie sah der Stegosaurus aus?**

**1** Er lief auf zwei Beinen und hatte kurze Vorderbeine.

**2** Der Stegosaurus hatte Platten auf dem Rücken und riesige Dornen am Schwanzende.

**3** Der Stegosaurus hatte Hörner und eine schnabelartige Schnauze.

 **Ein Dinosaurier ist auch unter dem Namen 'Schreckliche Kralle' bekannt. Warum hieß dieser Dino 'Schrecklicke Kralle'?**

**1** Dieser Dinosaurier hatte eine lange gebogene Kralle an der vierten Zehe.

**2** Dieser Dinosaurier hatte ganz spitze, krallenartige Platten auf dem Rücken.

**3** Dieser Dinosaurier hatte lange Krallen an jeder Zehe.

 **Die Dinosaurier waren alle unterschiedlich groß. Wie groß wurde der Dino mit dem Namen 'Schreckliche Kralle'?**

**1** Dieser Dinosaurier wurde so groß wie der Tyrannosaurus Rex.

**2** Die 'Schreckliche Kralle' war nicht größer als unsere heutigen Hauskatzen.

**3** Die 'Schreckliche Kralle' wurde so groß wie ein Mensch, war aber länger.

 In Büchern über Dinosaurier liest man auch was über Laurasia und Gondwanaland. Was sind Laurasia und Gondwana?

**1** Laurasia und Gondwana waren zwei riesige Vulkane.

**2** Laurasia und Gondwana sind verschiedene Zeitepochen.

**3** Laurasia und Gondwana sind Bezeichnungen für zwei große Kontinente.

Als der Urkontinent Pangäa auseinander brach, entstanden Laurasia und Gondwana. Laurasia ist der Nordkontinent und Gondwana der Südkontinent (Südteile).

## Wusstest du schon, ...

... dass in China ein Dromaeosaurier gefunden wurde – ein Raubsaurier, der aber dennoch Federn wie ein Vogel hatte?

 Nachdem die Dinosaurier ausgestorben waren, entwickelten sich die Säugetiere sehr erfolgreich. Warum konnten sie sich so gut entwickeln?

**1** Die Säugetiere waren so erfolgreich, weil sie immer in großen Herden zusammenlebten.

**2** Die Jungen der Säugetiere kommen voll entwickelt zur Welt.

**3** Die Säugetiere konnten sich so gut entwickeln, weil sie kaum Feinde hatten.

Die Säugetiere konnten sich so gut entwickeln, weil die Jungen bereits gut entwickelt auf die Welt kamen. (2 Punkte)

 Bis vor 10 000 Jahren lebte das Mammut. Was war ein Mammut?

**1** Ein Mammut war ein Höhlenbär.

**2** Ein Mammut konnte 4 Meter hoch werden, und sah einem Elefanten ähnlich.

**3** Ein Mammut sah aus wie ein großer Biber und war ein Nagetier.

*Das Mammut konnte 4 Meter hoch werden, sah aus wie ein Elefant und hatte ein zottliges Fell. (2 Punkt)*

 ## Wusstest du schon, ...

... dass man 1938 einen lebendigen Quastenflosser gefangen hat, der seit ca. 70 Millionen Jahren als ausgestorben galt? Der Fund war damals eine Sensation, heute weiß man, dass es sich nur um eine Unterart des Quastenflossers handelt.

 In der Erdneuzeit gab es Säbelzahntiger. Was war das Besondere an einem Säbelzahntiger?

**1** Der Säbelzahntiger hatte zwei lange Zähne.

**2** Der Säbelzahntiger lebte nur sehr kurze Zeit auf der Erde.

**3** Der Säbelzahntiger war das größte Raubtier.

*Der Säbelzahntiger hatte zwei lange Zähne, die wie Säbel aussahen. (1 Punkt)*

 Zur Zeit der Dinosaurier gab es auch andere Tiere. Wo lebten die Ichthyosaurier?

**1** Die Ichthyosaurier waren Reptilien, die nur im Meer lebten.

**2** Die Ichthyosaurier waren so gut entwickelt, dass sie im Meer und auf dem Land leben konnten.

**3** Die Ichthyosaurier hielten sich im Wasser auf. Sie konnten aber auch fliegen.

 Ein bekannter Dinosaurier ist auch der Archäopteryx. Was für ein Dinosaurier war der Archäopteryx?

**1** Der Archäopteryx war der Urvogel. Er hatte bereits Federn.

**2** Der Archäopteryx war das Urkrokodil.

**3** Der Archäopteryx war eine sehr schnell fliegende Echse.

 Der Archäopteryx war ein sehr bemerkenswerter Dinosaurier. Wie groß konnte der Archäopteryx werden?

**1** Der Archäopteryx war so groß wie ein Strauß.

**2** Er konnte so groß werden wie eine Elster.

**3** Der Archäopteryx wurde so groß wie ein Pelikan.

# Im Wasser

*Was wisst ihr alles über das Leben im Meer, im Wasser, in Flüssen, auf Inseln und in Seen? Hier könnt ihr es beweisen. Natürlich ist Piet Flosse der Spezialist für alles, was mit dem Wasser zu tun hat.*

**?** Alle Fische haben eine Seitenlinie. Eine Porenlinie, die vom Kopf bis zum Schwanz verläuft. Wozu brauchen die Fische dieses Seitenlinienorgan?

**1** Um ihre Artgenossen zu erkennen.

**2** Um feinste Bewegungen im Wasser zu spüren.

**3** Um die Wassertiefe messen zu können.

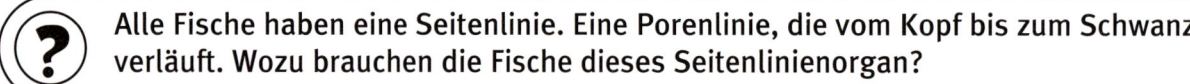

**?** Fische benötigen auch Sauerstoff zum Atmen. Mit welchen Organen atmen die Fische?

**1** Fische haben auch Lungen.

**2** Diese Organe heißen Luftröhren.

**3** Fische haben Kiemen.

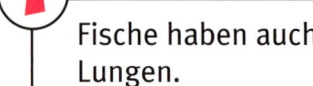

**?** Fische können nach Belieben im Wasser auf- und absteigen. Wie steigen Fische im Wasser auf und ab?

**1** Mit der Schwimmblase gleichen sie den Druck im Wasser aus.

**2** Mit der Schwanzflosse können sie den Druck ausgleichen.

**3** Mit einem Organ im Maul können die Fische den Druck ausgleichen.

**?** Manche Fische können sich durch Schlucken von Wasser oder Luft aufblähen, wie z.B. der Kugelfisch. Warum verändert der Kugelfisch seine Form?

**1** Wenn der Kugelfisch Blähungen hat, verändert er sich.

**2** Um seine Feinde abzuschrecken, weil er dann größer wirkt.

**3** In der Balzzeit bläht sich der männliche Kugelfisch auf, um Weibchen zu beeindrucken.

**?** Der Kopf des Sägefisches sieht einer Säge sehr ähnlich. Was macht der Sägefisch mit dieser Säge?

**1** Mit dieser Säge wühlt er den Grund nach Nahrung auf.

**2** Der Sägefisch benutzt sie als eine Art Machete, wenn er durch dichte Pflanzen schwimmen möchte.

**3** Wegen der Säge kann der Fisch schneller schwimmen.

**?** Wenn es im Winter so richtig kalt wird, frieren viele Gewässer zu. Welche Gefahr droht den Fischen in zugefrorenen Gewässern?

**1** Es ist zu dunkel zum Fressen.

**2** Der Sauerstoff unter der Eisdecke wird verbraucht.

**3** Wenn die Gewässer nicht lange genug zugefroren sind, kommen die Fische um ihren Winterschlaf.

**?** Fische, die im Brackwasser leben, sind z. B. der Zander und der Kaulbarsch. Welche Eigenschaften haben Fische, die im Brackwasser leben?

**1** Diese Fische können auch in stark verschmutzten Gewässern mit wenig Sauerstoff überleben.

**2** Diese Fische können in sehr salzigen Seen leben.

**3** Diese Fische können auch in Süßwasser leben, das mit Salzwasser vermischt ist.

**?** Um Fische zu fangen, werden oft Netze oder Fangkörbe eingesetzt. Welche Netze dürfen nicht mehr in europäischen Gewässern eingesetzt werden?

**1** Treibnetze, die wie ein unsichtbarer Vorhang ins Wasser gehängt werden.

**2** Schleppnetze - das sind beutelförmige Netze, die von einem Schiff gezogen werden.

**3** Reusen - das sind Fangkörbe, mit denen man Fische oder Krebse fängt.

 Das Seepferdchen hat eine sehr eigenartige Form. Es ist aber auch ein Fisch. Wie pflanzen sich Seepferdchen fort?

 Die Seepferdchenweibchen gebären lebende Jungen.

 Die Fischeier werden an Pflanzen abgelegt. Die Jungen schlüpfen aus und ernähren sich selbst.

 Das Weibchen legt die Eier in die Brusttasche des Männchens. Dieses bringt die Jungen zur Welt.

## Wusstest du schon, ...

... dass Schwäne zu den größten Vögeln gehören, die fliegen können? Das Starten beim Fliegen ist deshalb bei dem großen Gewicht nicht so einfach.

 Die Seepferdchen verdanken ihren Namen der Form ihres Kopfes. Wie erbeuten Seepferdchen ihre Nahrung?

 Die Beute wird angesaugt, da der Mund eine so starke Saugkraft hat.

 Es reitet mit schnellen Bewegungen der Beute hinterher und schnappt sie sich.

 Es hat an seinem Schwanz kleine Stacheln, mit denen die Beutetiere eingefangen werden.

 Der Bitterling hält sich am liebsten im seichten Wasser in Ufernähe auf. Wo wachsen die Jungen der Bitterlinge auf?

**1** Die Jungen wachsen im Maul des Fischweibchens heran.

**2** Die Eier werden in einer Muschel abgelegt. Dort schlüpfen auch die Jungen aus.

**3** Die Eier werden in kleinen Höhlen abgelegt. Dort wachsen die Jungen heran.

 **Wusstest du schon, ...**

... dass Blut vieler Aale giftig ist? Chefköche brauchen sich aber bei der Aalzubereitung keine Sorgen machen: Das Gift zerfällt beim Kochen sehr schnell.

 Taucher kennen sich sehr gut in der Fischwelt aus. Warum werden Muränen von Tauchern gefürchtet?

**1** Muränen sind sehr angriffslustig und manche Arten sind auch sehr giftig.

**2** Muränen jagen im Rudel. Einem Muränenrudel kann man nicht mehr entkommen.

**3** Muränen verbuddeln sich im Sand und tauchen blitzschnell auf, um ihre Beute zu schnappen.

? Die Welt der Tiefsee ist sehr geheimnisvoll. Warum gibt es in der Tiefsee keine Formen von Plankton?

**1** In der Tiefsee leben nur große Fische.

**2** In der Tiefsee ist es absolut dunkel. Dort gelangt kein Sonnenlicht mehr hin.

**3** In der Tiefsee ist das Wasser zu kalt. Hier kann keine Pflanze mehr gedeihen.

? Manche Fische haben eine ganz besondere Art der Brutpflege. Die Buntbarsche zum Beispiel. Wie werden die jungen Buntbarsche aufgezogen?

**1** Junge Buntbarsche wachsen in einer Muschel auf.

**2** Junge Buntbarsche werden im Maul herumgetragen, bis sie groß genug sind.

**3** Die jungen Buntbarsche werden von den männlichen Buntbarschen aufgezogen.

? Der Katzenhai lebt z. B. in der Nord- und Ostsee. Woher hat der Katzenhai seinen Namen?

**1** Der Katzenhai hält sich gerne in Ufernähe auf und lässt sich streicheln.

**2** Dieser Hai verständigt sich mit besonderen Tönen. Diese Laute ähneln dem Miauen von Katzen.

**3** Die Haut des Katzenhais ist gefleckt.

**?** Viele Fische haben ganz besonders ausgefallene Namen, z. B. der Putzerfisch. Was macht denn ein Putzerfisch?

**1** Der Putzerfisch säubert die Steine am Meeresboden und hält so das Meer sauber.

**2** Putzerfische sind sehr sauber. Sie putzen sich und ihre Artgenossen.

**3** Sie reinigen die Haut von anderen Fischen. Sie entfernen Parasiten und abgestorbene Hautteilchen.

*Die Putzerfische reinigen die Haut anderer Fische. Sie entfernen Parasiten und abgestorbene Hautteilchen. (3 Punkte)*

**?** Die Scholle ist auch in unseren Gewässern ein bekannter Fisch. Die Scholle zählt zu den Plattfischen. Kommt die Scholle platt zur Welt?

**1** Wenn die Scholle aus den flachen Eiern schlüpft, ist sie platt.

**2** Erst im Alter von zwei Monaten bekommt die Scholle ihre typische Form.

**3** Erst im Alter von drei Jahren verwandeln sie sich in einen Plattfisch.

*Junge Schollen schlüpfen aus den Eiern und sehen wie andere Fische aus. Erst im Alter von zwei Monaten verändern sie ihre Gestalt. (2 Punkte)*

**?** Die Schillerlocke ist bekannt als Blätterteigrolle. In Fischgeschäften kann man aber auch Schillerlocken kaufen. Was ist eine Schillerlocke?

**1** Die Schillerlocke ist eine andere Bezeichnung für einen Seeaal.

**2** Die Schillerlocke ist ein blau und grün schimmernder Fisch.

**3** Die Schillerlocke ist ein Fleischteil vom Dornhai.

*Die Schillerlocke ist eine Spezialität. Es ist der geräucherte und angerollte Bauchlappen des Dornhais. (3 Punkte)*

**?** Größere Fische werden oft von anderen Fischen begleitet. Diese Fische nennt man Lotsenfische. Was machen Lotsenfische?

**1** Lotsenfische schwimmen mit größeren Fischen zusammen und fressen die Nahrungsreste.

**2** Lotsenfische begleiten große Fische auf längeren Reisen, damit sie sich orientieren können.

**3** Lotsenfische sind auffällig gefärbte Fische. Sie locken Beutetiere für die größeren Fische an.

Die Lotsenfische folgen größeren Fischen wegen der Nahrungsabfälle. Die Stachelmakrele ist z. B. ein Lotsenfisch. (2 Punkte)

## Wusstest du schon, ...

...dass es Fische gibt, die leuchten können? So haben zum Beispiel Silberbeilfische oder Laternenfische Leuchtorgane, mit denen sie unter anderm ihre Beute anlocken können.

**?** Miesmuscheln, Herzmuscheln, Austern sind uns bekannt. Aber was ist eine Mördermuschel?

**1** Die Mördermuschel gehört zu den Riesenmuscheln.

**2** Die Mördermuschel gibt es nur in Abenteuerromanen, aber nicht im Meer.

**3** Mördermuscheln schwimmen frei im Meer umher und gehen auf Beutezug.

Die Mördermuschel gehört zu den Riesenmuscheln und legen im Flachwasser der Korallenriffe. Sie können bis zu 300 kg schwer werden. (2 Punkte)

 Fliegende Fische leben in tropischen und subtropischen Meeren. Sie können bis zu 200 m über die See gleiten. Wie können die Fliegenden Fische fliegen?

 Die Fliegenden Fische müssen ihre Brustflossen schnell auf- und abbewegen.

 Die Fliegenden Fische nutzen die Windströmungen aus, um zu fliegen.

 Die Fliegenden Fische schlagen kräftig mit der Schwanzflosse und gleiten dann übers Wasser.

## Wusstest du schon, ...

... dass die Riesenmuschel, die im Indischen Ozean lebt, bis zu 1, 35 m lang und über 200 kg schwer werden kann?

 Der 'Spritzefisch', so heißt der Schützenfisch bei Wilhelm Busch. Was kann der Schützenfisch?

 Der Schützenfisch schießt mit Wassertropfen auf Insekten, die auf einer Pflanze sitzen.

 Der Schützenfisch springt aus dem Wasser und fängt Insekten.

 Der Schützenfisch fängt Insekten mit seiner langen klebrigen Zunge.

**?** Wer gerne Fisch isst, schätzt es sehr, wenn keine Gräten im Fisch zu finden sind. Was sind Fischgräten?

**1** Fischgräten sind kleine, schmale Knochen.

**2** Fischgräten sind schmale Verknöcherungen des Bindegewebes.

**3** Gräten sind Teile der Kiemen.

**?** In einem Haifischmaul gibt es verschiedene Zahnreihen mit sehr spitzen Zähnen. Was ist das Besondere an Haifischzähnen?

**1** Haifischzähne sind aus einem besonders harten Material. Sie gehen nie kaputt.

**2** Ausgefallene Haifischzähne sind eine schmackhafte Nahrung für andere Fische.

**3** Wenn ein Haifischzahn ausgefallen ist, rückt der nächste aus der Zahnreihe nach.

**?** Viele Tiere passen sich oft auf eine besondere Art an ihre Umgebung an. Was ist ein Austernfischer?

**1** Ein Austernfischer ist ein Fisch, der die Austernbänke aufsucht und Muscheln knackt.

**2** Ein Austernfischer ist ein Biber, der auch Muscheln knacken kann.

**3** Ein Austernfischer ist ein Vogel, der mit seinem langen Schnabel Muscheln knacken kann.

71

**?** Mit Tauchgeräten ausgerüstet kann man auch weit ins Meer hinabtauchen. Worauf müssen Taucher beim Aufsteigen im Wasser achten?

 **1** Sie müssen langsam aufsteigen, um sich an die veränderten Druckverhältnisse anzupassen.

 **2** Sie müssen langsam aufsteigen, um sich wieder an das stärker werdende Licht zu gewöhnen.

 **3** Sie müssen aufpassen, dass sie nicht an das Schiff anstoßen.

Taucher müssen langsam im Wasser aufsteigen und Pausen machen, um sich dem Wasserdruck anzupassen. (2 Punkte)

**?** Tintenfische sind keine Fische, sondern sie gehören zu den Weichtieren. Warum verspritzen Tintenfische Tinte?

 **1** Nur die männlichen Tintenfische versprühen Tinte. Das gehört zum Balzverhalten.

 **2** Wenn die Tintenfische in Gefahr sind, versprühen sie die Tinte.

 **3** Er nebelt sich ein, um sich besser seiner Beute nähern zu können.

Der Tintenfisch versprüht den tintenähnlichen Farbstoff, wenn Gefahr droht. Hinter dieser Farbwolke kann er dann verschwinden. (1 Punkt)

**?** Es gibt Fische, die ganz eigenartige Namen haben. Hinter welchem Namen verbirgt sich kein Fisch?

 **1** Der Knurrhahn ist ein Fisch, der mit seiner Schwimmblase knurrende Geräusche erzeugen kann.

 **2** Der Seehase lebt im Nordatlantik. Die Eier des Seehasen werden auch zu Kaviar verarbeitet.

 **3** Der Klabautermann ist ein großer, schwerer Fisch, der Segelschiffe begleitet.

Der Klabautermann ist kein Fisch. Man hält ihn für einen Kobold, der Segelschiffe begleitet und durch Hämmern auf Schäden aufmerksam macht. (1 Punkt)

 Korallen sehen sehr formenreich aus. Was sind Korallen?

**1** Korallen sind Pflanzen, die am Meeresboden wachsen.

**2** Korallen sind Tiere.

**3** Korallen sind erstarrte Lava.

## Wusstest du schon, ...

... dass der Nil mit seinen 6671 km der längste Fluss der Erde ist?

 Echte Seeleute kennen sich mit Wind und Wellen gut aus. Was ist Seemannsgarn?

**1** Seemannsgarn ist eine Algenart, die im Wasser lebt.

**2** Mit Seemannsgarn werden Netze geflickt.

**3** Seemannsgarn nennt man die abenteuerlichen Geschichten, die sich Seeleute erzählen.

 Es gibt sehr unterschiedliche Fischarten. Was ist ein Anglerfisch?

**1** Ein Anglerfisch beißt immer an.

**2** Der Anglerfisch ködert andere mit einer Angel, die sich am Kopf befindet.

**3** Den Anglerfisch nehmen Angler als Maskottchen mit.

## Wusstest du schon, ...

... dass Robben trotz schlechter Sicht im trüben Wasser ihre Beute erspüren können? Mit ihren feinen Barthaaren können sie selbst von Fischen verursachte Wasserbewegungen wahrnehmen.

 Im Wattenmeer spazieren zu gehen, ist sehr spannend. Was muss man beim Spaziergang im Watt berücksichtigen?

**1** Man muss aufpassen, wenn die Flut kommt.

**2** Im Schlick gibt es Schlickhaie.

**3** Unterwegs gibt es keinen Kiosk. Also genug zu essen und zu trinken mitnehmen.

 Auf der Welt gibt es Süßwasser und Salzwasser. Was ist Süßwasser?

1. Im Süßwasser ist eine Menge Zucker gelöst. Es schmeckt eher süß.
2. Süßwasser hat einen geringeren Salzgehalt.
3. Süßwasser gibt es nur in Seen.

 Der Lebenslauf der Aale war lange Zeit sehr geheimnisvoll. Wo legen die Aale ihre Eier ab?

1. Die Aale laichen nur im Sargassomeer.
2. Die Aale legen ihre Eier in dem Gewässer ab, in dem sie leben.
3. Aale schwimmen in den Meeren hin und her. Sie legen ihre Eier unterwegs ab.

 Bojen schwimmen im Wasser. Wozu schwimmen Bojen im Wasser?

1. Bojen sind Inseln für Wasservögel.
2. Bojen schwimmen im Wasser, um einen Seeweg zu markieren.
3. Bojen sind bekannte Treffpunkte für Schwimmer.

 Priele gibt es bei Ebbe im Wattenmeer. Was sind Priele?

**1** Priele sind Wasserrinnen, in denen sich Wasser ansammelt.

**2** Priele sind sehr große Sandbänke.

**3** Priele sind große Seevögel.

 In den Meeren gibt es auch Ozeanriesen. Was sind Ozeanriesen?

**1** Eine sehr große Walart heißt Ozeanriese.

**2** Sehr große Ozeandampfer heißen Ozeanriesen.

**3** Ozeanriesen sind sehr große Wellen im Wasser.

 Meerschaum kann man oft auf Wellen sehen. Aber was ist Meerschaum noch?

**1** Meerschaum ist auch ein leckerer Likör.

**2** Meerschaum ist ein Mineral.

**3** Meerschaum ist auch eine schöne Muschel.

 Wer sich gut auf den Meeren auskennt, kennt auch Klipper. Was ist ein Klipper?

**1** Ein Klipper ist ein Delfin.

**2** Ein Klipper ist ein schnelles Segelschiff.

**3** Klipper ist das Essen der Seeleute.

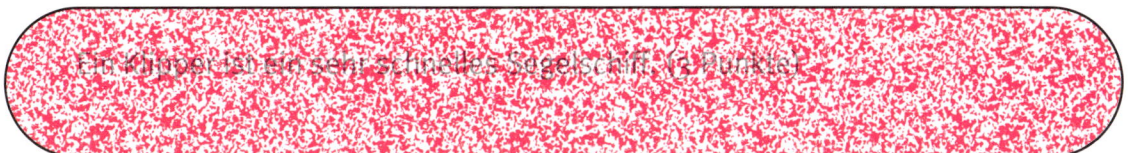

## Wusstest du schon, ...

... dass man Wattwürmer mit einer Art Klostampfer mit langem Stiel fangen kann?
An einer Stelle mit vielen Wattwurmhäufchen wird mit dem Stampfer durch Auf- und Abbewegung der Sand weggespült und die Würmer freigelegt.

 Auf den Meeren waren früher auch Piraten unterwegs. Wer waren die Piraten?

**1** Die Piraten waren Seeräuber.

**2** Die Piraten waren Schiffsköche.

**3** Die Piraten waren die Schiffskapitäne.

 Im Wasser gibt es auch große und kleine Säugetiere. Welches ist das größte Säugetier im Wasser?

**1** Das größte Säugetier im Wasser ist der Delfin.

**2** Der Blauwal ist das größte Säugetier.

**3** Das größte Säugetier ist die Mähnenrobbe.

 **Wusstest du schon, ...**

... dass einer der giftigsten Fische der Steinfisch ist? Die Wirkung des Giftes kann sogar für einen Menschen tödlich sein.

 Der Narwal ist - wie der Name schon verrät - auch ein Wal. Was ist das Besondere am Narwal?

**1** Der Narwal ist ein sehr kleiner Wal.

**2** Der männliche Narwal hat einen langen Stoßzahn im Oberkiefer.

**3** Der Narwal hat eine sehr helle Haut.

 So mancher hat einen echten Badeschwamm daheim. Was sind Schwämme eigentlich?

 Schwämme sind sehr einfach gebaute Tiere.

 Schwämme sind Pflanzen, die am Meeresboden wachsen.

Schwämme sind Steine, die man auf dem Meeresboden finden kann.

 Im Meer gibt es sehr eigenartige Tiere. Was ist ein Himmelsgucker?

 Ein Himmelsgucker ist eine Quallenart.

 Himmelsgucker sind Fische, die am Boden in Ufernähe leben.

Himmelsgucker sind Muscheln mit dunklen Flecken auf der Schale.

 Im Frühjahr werden die Stichlingsmännchen leuchtend rot. Warum verfärben sich die Stichlingsmännchen im Frühjahr?

 Die Stichlingsmännchen verfärben sich, damit es nicht zu langweilig wird.

 Die rote Verfärbung ist eine Art Hochzeitsgewand. Sie locken damit die Weibchen an.

Die Männchen kämpfen um ihre Reviere. Nur wenn sie miteinander kämpfen, verfärben sie sich.

**?** Die männlichen Stichlinge bauen im Frühjahr ein Nest, in dem die Fischeier von den Weibchen abgelegt werden. Wie wachsen die jungen Stichlinge auf?

**1** Die jungen Stichlinge sind so weit entwickelt, dass sie nicht mehr beschützt werden müssen.

**2** Die jungen Stichlinge werden von dem Weibchen und von dem Männchen umsorgt.

**3** Die jungen Stichlinge werden nur vom Männchen versorgt, bis sie allein im Schwarm leben können.

**?** In den polarnahen Meeren gibt es sehr viel Krill. Was ist Krill?

**1** Krill sind kleine Krebstiere.

**2** Krill sind kleine Fische.

**3** Krill sind keine Tiere, sondern Algen.

**?** An manchen Tagen kann man sehr viele Quallen im Meerwasser sehen. Wie bewegen sich Quallen im Wasser?

**1** Quallen lassen sich im Wasser treiben.

**2** Quallen besitzen eine gute Muskulatur. Sie können aber nur vorwärts schwimmen.

**3** Sie können jederzeit die Richtung ändern und auch gegen die Strömung schwimmen.

 Am Strand macht Muscheln sammeln viel Spaß. Welche Farbe haben die Schalen von Miesmuscheln?

**1** Die Schalen der Miesmuscheln sind herzförmig und hell.

**2** Die Schalen der Miesmuscheln sind leuchtend blau.

**3** Die Schalen der Miesmuscheln sind blauschwarz.

## Wusstest du schon, ...

*... dass ein Blauwal bis zu 30 Meter lang und ca. 130.000 Kilogramm schwer werden kann?*

 In den Süßgewässern in Südamerika lebt der Zitteraal. Was ist das Besondere am Zitteraal?

**1** Sein ganzer Körper zittert, wenn er schwimmt.

**2** Er kann teilweise sehr starke elektrische Schläge austeilen.

**3** Der Zitteraal wird ziemlich lang. Er kann bis zu 10 Meter lang werden.

# Fliegen, Fahren, Schwimmen

*Seid ihr unterwegs in der Luft, auf dem Wasser, auf der Straße oder auf Schienen? Ted Tatze fliegt am liebsten mit dem Flugzeug durch die Lüfte.*

 Es gibt ganz verschiedene Arten von Flugzeugen. Was sind Überschallflugzeuge?

 Diese Flugzeuge fliegen schneller als der Schall.

 Diese Flugzeuge haben keinen Motor und fliegen daher lautlos.

 Überschallflugzeuge sind schwere Flugzeuge und brummen besonders laut.

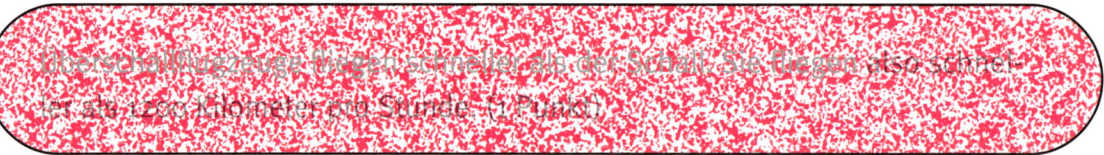

 Die Concorde ist ein ganz berühmtes Flugzeug. Warum ist die Concorde so berühmt?

 Die Concorde kann so viel Treibstoff tanken, dass man mit ihr einmal um die Welt fliegen kann.

 Die Concorde ist eines der schnellsten Flugzeuge. Sie fliegt schneller als der Schall.

 Die Concorde ist das größte je gebaute Segelflugzeug.

 In einem Flugzeug gibt es verschiedene Bereiche. Was ist im Flugzeug das Cockpit?

 Das Cockpit ist die kleine Küche, in der bei Flugzeugen die Gerichte zubereitet werden.

**2** Der Gepäckraum im Flugzeug wird als Cockpit bezeichnet.

**3** In der Spitze eines Flugzeugs ist das Cockpit. Das ist die Pilotenkabine.

 Im Cockpit gibt es immer auch einen Cockpit-Stimmrecorder. Wozu wird dieser Stimmrecorder verwendet?

**1** Viele Piloten sind Musiker. Wenn ihnen unterwegs ein Lied einfällt, können sie es damit aufnehmen.

**2** Er funktioniert wie ein Funkgerät. Die Piloten können sich dann untereinander, unterhalten.

**3** Der Stimmrecorder zeichnet die Gespräche der Piloten auf.

 Man glaubt es kaum, aber Flugzeuge können auch einen Blindflug machen. Was ist ein Blindflug?

**1** Den ersten Flug eines Flugzeuges bezeichnet man als Blindflug.

**2** Bei der Pilotenprüfung werden den Piloten die Augen verbunden. Sie müssen quasi blind fliegen.

**3** Bei einem Blindflug wird das Flugzeug nur mit Instrumenten gesteuert.

83

**?** Am Flughafen gibt es viele Menschen, die dort arbeiten. Welche Aufgaben haben die Fluglotsen?

**1** Er fährt mit dem Auto über die Landebahn und zeigt den Flugzeugen, wo sie landen müssen.

**2** Fluglotsen sorgen dafür, dass Flugzeuge sicher starten und landen.

**3** Fluglotsen helfen den Flugpassagieren, ihr richtiges Terminal zu finden.

**?** Für ein Flugzeug sind Menschen und Instrumente wichtig. Was ist ein Autopilot?

**1** Ein Pilotenschüler, der noch nicht die Pilotenprüfung bestanden hat, ist ein Autopilot.

**2** Er fährt während des Startens neben dem Flugzeug her, um dem Piloten beim Start zu helfen.

**3** Der Autopilot ist ein Gerät, das das Flugzeug alleine steuern kann.

**?** Fliegt ein Flugzeug vorbei, hört man es. Außerdem sieht man einen langen weißen Streifen. Was ist dieser lange Streifen?

**1** Dieser Streifen am Himmel entsteht, wenn das Raucherabteil gelüftet wird.

**2** Es sind Kondensstreifen. Aus dem Wasserdampf werden Wassertröpfchen oder Eiskristalle.

**3** Die Flugzeuge versprühen diesen weißen Rauch, damit sie besser gesehen werden.

 Die Landebahnen der Verkehrsflugzeuge müssen mindestens 4 300 m lang sein. Warum sind die Landebahnen für große Flugzeuge so lang?

**1** Sie sind so lang, damit sich die Passagiere schon mal den Flughafen ansehen können.

**2** Auf langen Landebahnen können Flugzeuge gleichzeitig landen und starten.

**3** Sie sind so lang, da die Flugzeuge einen sehr langen Bremsweg haben und ausrollen müssen.

## Wusstest du schon, ...

*... dass der französische Ingenieur Henry Giffard schon 1852 das erste mit Wasserstoff gefüllte Luftschiff baute?*

 Es gibt Flugzeuge für jeden Einsatz. Was ist ein Wasserflugzeug?

**1** Ein Wasserflugzeug ist ein Flugzeug, das Waldbrände mit Wasser löschen kann.

**2** Ein Wasserflugzeug kann auf dem Wasser starten und landen.

**3** Mit einem Wasserflugzeug werden Wasserskiläufer über das Wasser gezogen.

 Manche Flugzeuge haben keinen Motor. So z. B. das Segelflugzeug. Wie startet ein Segelflugzeug?

**1**  Ein Segelflugzeug wird von einem Motorflugzeug in die Höhe geschleppt.

**2** Ein Segelflugzeug kann nur bei starkem Wind starten.

**3**  Ein Segelflugzeug kann nur von Bergen aus starten.

Ein Segelflugzeug wird von einem Motorflugzeug in die erforderliche Höhe gezogen. (2 Punkte)

  **Wusstest du schon, ...**

... dass das Segelschiff mit den meisten Masten die *Thomas W. Lawson* war? Das Schiff mit den sieben Masten und einer Länge von 114, 7 m wurde allerdings 1907 abgewrackt.

 Die Menschen wollten schon immer fliegen können. Bis es dann endlich so weit war. Mit welchen Fahrzeugen konnten die Menschen das erste Mal fliegen?

**1**  Mit Heißluftballonen, an denen ein Korb befestigt war, flogen die Menschen zum ersten Mal.

**2** In großen Zeppelinen konnten die Menschen das erste Mal über der Erde schweben.

**3**  Die Menschen bauten Flugzeuge und flogen mit ihnen in die Luft.

Die Menschen flogen zuerst mit einem Heißluftballon. 1783 ließ Steg der Ballon der Brüder Montgolfier mit Menschen in die Luft. (2 Punkte)

 Mit Heißluftballonen sind die Menschen schon sehr früh geflogen. Warum wird im Heißluftballon immer ein Brenner angemacht?

**1** Er wird angemacht, wenn die Fluggäste frieren. Dann können sich die Passagiere aufwärmen.

**2** Mit dem Brenner wird die Luft erhitzt und der Ballon kann steigen.

**3** Wenn die Fluggäste Hunger haben, können sie an der Flamme ihr Essen aufwärmen.

 Die Erfindung des Heißluftballons war eine sensationelle Erfindung. Wer flog als Erstes mit dem Heißluftballon?

**1** Die ersten Passagiere im Heißluftballon waren drei Tiere.

**2** Die ersten Reisenden waren die beiden Erfinder.

**3** Das französische Königspaar waren die ersten Passagiere.

 Ein Zeppelin ist ein sehr beeindruckendes Luftschiff. Eine große fliegende Zigarre. Wozu wurden früher Zeppeline genutzt?

**1** Damit konnten Menschen vor hundert Jahren auch schon von einem Ort zum anderen reisen.

**2** Der Erfinder des Zeppelins, Graf Zeppelin, ist mit seinen Freunden in Europa herumgeflogen.

**3** Sie wurden nur benutzt, um in der Luft die vorbeiziehenden Landschaften fotografieren zu können.

**?** Ein Hubschrauber ist ein ausgeklügeltes Fluggerät. Warum hat ein Hubschrauber einen Heckrotor?

**1** Der Hubschrauber benötigt diesen Heckrotor, um rückwärts zu fliegen.

**2** Ein Hubschrauber braucht einen Heckrotor, um sich nicht um die eigene Achse zu drehen.

**3** Der Heckrotor des Hubschraubers wird nur für die sichere Landung gebraucht.

**?** Unter den Flugzeugen gibt es die unterschiedlichsten Modelle. Was ist ein Blimp?

**1** Ein Blimp ist ein Wasserflugzeug mit einem ausfahrbaren Fahrgestell.

**2** Ein Blimp ist ein kleines Luftschiff, das vielseitig einsetzbar ist.

**3** Ein Blimp ist ein Heißluftballon.

**?** Überschallflugzeuge fliegen sehr schnell. Was passiert, wenn ein Überschallflugzeug die Schallmauer durchbricht?

**1** Durchbricht ein Flugzeug die Schallmauer, gibt es einen lauten Knall.

**2** Beim Durchbrechen der Schallmauer gibt es Rauchwolken.

**3** Dabei kommt es zu einer kleinen Explosion. Man sieht kurz Flammen am Himmel.

88

**?** Hubschrauber sind sehr vielseitig einsetzbar. Was kann ein Hubschrauber, was ein Flugzeug nicht kann?

**1** Nur ein Hubschrauber kann einen Looping fliegen.

**2** Nur ein Hubschrauber kann rückwärts fliegen.

**3** Ein Hubschrauber kann sehr enge Kurven fliegen.

*Nur ein Hubschrauber kann rückwärts fliegen. Dazu werden die Rotorblätter nach hinten geneigt und der Anstellwinkel wird vergrößert. (2 Punkte)*

## Wusstest du schon, ...

*... dass der erste Flug eines Hubschraubers im Jahre 1907 versucht wurde? Das Gerät von dem Franzosen Louis Brégue und Charles Richet konnte allerdings nur ca. eine Minute in der Luft schweben.*

**?** Auf Flugplätzen gibt es einen Hangar. Was ist ein Hangar?

**1** Ein Hangar ist eine Halle, in der die Flugzeuge untergestellt und repariert werden.

**2** Ein Hangar ist eine Kneipe, in der sich die Piloten treffen.

**3** Hangar ist eine andere Bezeichnung für einen Kontrollturm auf dem Flugplatz.

*Ein Hangar ist eine Halle, in der die Flugzeuge untergestellt und repariert werden. (2 Punkte)*

 Auch die Entwicklung der Luftfahrt geht weiter. Was ist ein Cargolifter?

 Ein Cargolifter ist ein Zeppelin, der große Güter und Lasten transportieren kann.

 Ein Cargolifter ist ein Fließband, das das Gepäck direkt ins Flugzeug befördert.

**3** Cargolifter nennt man denjenigen, der die Gepäckstücke in den Frachtraum befördert.

 ## Wusstest du schon, ...

... dass moderne Jets bis auf eine Reiseflughöhe von 43000 Fuß, also etwa 14 Kilometer steigen können?

 So was gibt es auch: eine Luftbetankung. Was ist eine Luftbetankung?

**1** Wenn die Räder der Flugzeuge mit Luft betankt werden, ist dies eine Luftbetankung.

 Wenn die Luftkissenboote mit Luft gefüllt werden, nennt man das Luftbetankung.

 Bei einer Luftbetankung erhält das Flugzeug während des Fluges Kraftstoff.

 Man glaubt es kaum, aber Luftschiffe durften eine Zeit lang nicht fliegen. Die Luftschifffahrt war für einige Zeit verboten. Warum?

 Während des Fluges war es im Zeppelin zu laut.

 Das Gas, das die Luftschiffe verbrannten, konnte schnell explodieren.

**3** Die Passagiere froren im Zeppelin.

 Auf einem Flughafen gibt es viele Dinge, die es anderswo nicht gibt. Was ist eine Gangway?

 Eine Gangway ist der rote Teppich, der für Ehrengäste ausgerollt wird.

 Die Gangway ist eine fahrbare Treppe am Flughafen.

**3** Als Gangway bezeichnet man die Laufbänder am Flughafen.

 Ein Traum der Menschheit ist es den Atlantik mit einem Flugzeug zu überqueren. Wer überquerte als erster Mensch mit einem Flugzeug den Atlantik?

 Die ersten Menschen, die den Atlantik überquerten, waren die Gebrüder Wright.

 Otto Lilienthal überquerte als Erster den Atlantik mit einem Flugzeug.

 Der erste Mensch, der den Atlantik überquerte, war Charles Lindbergh.

? Hubschrauber werden oft für Rettungsflüge eingesetzt. Warum sind Hubschrauber für Rettungsflüge geeignet?

1. Hubschrauber brauchen nur einen kleinen Landeplatz.
2. Hubschrauber können schneller fliegen.
3. Im Hubschrauber ist es leiser als in einem Flugzeug.

? Eine Werft zu besuchen, lohnt sich. Was wird in einer Werft gemacht?

1. In einer Werft kann man Ball spielen.
2. In einer Werft lernt man das Fliegen.
3. In einer Werft werden Schiffe oder Flugzeuge gebaut oder repariert.

? Flugzeuge fliegen auf bestimmten Wegen durch die Luft. Kann ein Flugzeug ins Weltall abdriften?

1. Das Flugzeug ist zu schwer, um ins Weltall zu fliegen.
2. Das Flugzeug ist zu langsam. Daher kann es nicht ins Weltall fliegen.
3. Flugzeuge können auch ins Weltall fliegen.

 Es gibt verschiedene Fluggeräte, mit denen man fliegen kann. Mit welchem Fluggerät kann man nicht langsam fliegen?

**1** Das Flugzeug braucht immer eine bestimmte Fluggeschwindigkeit, sonst stürzt es ab.

**2** Der Hubschrauber kann nicht langsam fliegen.

**3** Der Heißluftballon muss immer eine bestimmte Geschwindigkeit haben, sonst stürzt er ab.

## Wusstest du schon, ...

... dass Leonardo da Vinci schon 1475 die Idee eines Hubschraubers skizzierte? Das Fluggerät war so konstruiert, dass es durch einen umlaufenden Flügel in jede Richtung fliegen und senkrecht starten sollte. Gebaut wurde diese Konstruktion aber nicht.

 Von Satelliten kann man oft in den Nachrichten hören. Was sind Satelliten?

**1** Satelliten sind Flugobjekte, die man noch nicht kennt.

**2** Satelliten sind Raketen, die ins All geschossen werden.

**3** Satelliten sind Flugkörper ohne Menschen an Bord. Sie umkreisen die Erde auf einer Umlaufbahn.

**?** Bungeejumping ist zurzeit ziemlich modern. Was macht man beim Bungeejumping?

**1** Dabei springt man mit einem Seil an den Füßen aus sehr großer Höhe in die Tiefe.

**2** Beim Bungeejumping springen zwei Leute mit einem Fallschirm in die Tiefe.

**3** Bungeejumping ist das Hüpfen an einem Lenkdrachen.

**?** Wer in weit entfernte Länder reisen möchte, fliegt heute meistens mit einem Flugzeug. Wie schnell kann ein großes Passagierflugzeug fliegen?

**1** Ein großes Flugzeug kann ungefähr 1500 km in der Stunde fliegen.

**2** Ein großes Passagierflugzeug kann etwa 930 km pro Stunde fliegen.

**3** Ein großes Passagierflugzeug fliegt bis zu 670 km in der Stunde.

**?** Wer möchte nicht einmal gerne um die Welt reisen... Warum kann man mit einem Flugzeug nicht ohne Zwischenlandung um die Welt fliegen?

**1** Das Flugzeug kann nur so lange fliegen, wie auch genügend Treibstoff an Bord ist.

**2** Eine Reise um die Welt dauert auch mit einem Flugzeug sehr lange. Der Pilot schläft dann ja ein.

**3** So ein Flug dauert sehr lange. Die Passagiere können nicht so lange sitzen bleiben.

 Die Geschichte der Luftfahrt ist von verschiedenen Menschen geprägt worden. Wer waren die Gebrüder Wright?

**1** Sie flogen als Erste mit einem Motorflugzeug über den Ärmelkanal.

**2** Ihnen gelang der erste gelenkte Flug mit einem Motorflugzeug.

**3** Sie flogen als Erste mit einem Segelflugzeug.

## Wusstest du schon, ...

... dass im Jahr 1947 zum ersten Mal die Schallmauer mit dem Raketenflugzeug Bell X1 im Geradeausflug durchbrochen wurde?

 Fallschirmspringen ist für manche auch ein Freizeitsport. Was macht ein Fallschirmspringer?

**1** Ein Fallschirmspringer ist ein Artist im Zirkus. Er springt mit einem Schirm von dem Hochseil.

**2** Er springt aus einem fliegenden Flugzeug. Nach kurzer Zeit öffnet er den Fallschirm.

**3** Er springt von einer erhöhten Stelle in die Tiefe und hat einen Fallschirm dabei.

 So ein Flugzeug ist ja meistens ziemlich groß. Wo ist bei einem Flugzeug der Bug?

**1** Der Bug ist den hinteren Teil des Flugzeuges.

**2** Als Bug bezeichnet man den vorderen Teil des Flugzeuges.

**3** Die Mitte des Flugzeuges bezeichnet man als Bug.

## Wusstest du schon, ...

... dass die Römer schon vor 2000 Jahren ein gut aufgebautes Fernstraßennetz in weiten Teilen Europas angelegt hatten?

 Wenn Flugzeuge am Nachthimmel fliegen, sieht man blinkende Lichter. Wozu verwenden Flugzeuge diese Lichter?

**1** Diese Lichter werden nur eingeschaltet, wenn die Flugzeuge bald landen wollen.

**2** Diese Lichter sind Positionslichter, mit denen Zusammenstöße vermieden werden sollen.

**3** Diese Lichter haben die Flugzeuge an, um nachts besser sehen zu können.

 Wenn man weite Flugreisen unternimmt, hat man auch mal einen Jetlag. Was ist ein Jetlag?

 Jetlag ist eine Art Heimweh, wenn man weit von daheim entfernt ist.

 Beim Jetlag hat man noch sehr lange das Gefühl, dass man fliegt.

**3** Wegen der Zeitunterschiede kann man den Schlafrhythmus erst langsam umstellen.

 Es gibt viele verschiedene Brücken. Aber was ist eine Luftbrücke?

 Eine Luftbrücke ist eine Brücke, die hoch in der Luft gebaut ist.

**2** Eine Luftbrücke ist ein Wind, in dem Flugzeuge besonders schnell fliegen können.

 Mit Flugzeugen werden Lebensmittel, Kleidung und Medizin geliefert.

 Große Verkehrsflugzeuge können viel Treibstoff tanken. Wo befindet sich in diesen Flugzeugen der Tank?

 Der Tank ist direkt hinter dem Cockpit.

 Die Tanks befinden sich in den Flügeln.

 Der Tank ist hinten beim Gepäckraum.

 Das Leitwerk eines Flugzeuges dient der Richtungsänderung und stabilisiert den Flug. Wo befindet sich das Leitwerk eines Flugzeuges?

**1** Das Leitwerk befindet sich in der Spitze des Flugzeuges.

**2** Das Leitwerk befindet sich an den Flügeln.

**3** Das Leitwerk befindet sich am Rumpfende des Flugzeuges.

 Mit einer Rakete kann man in den Weltraum fliegen. Warum fliegt eine Rakete so schnell?

**1** Da sie so schnell ist, kann sie die Anziehungskraft der Erde überwinden und fliegt ins Weltall.

**2** Die Rakete fliegt so schnell, damit die Raumfahrer viel sehen können.

**3** Die Rakete fliegt so schnell, damit die Raumfahrer bald alle Planeten sehen können.

 Ein großes Ereignis war die Landung der ersten Menschen auf dem Mond. Wann landeten die ersten Menschen auf dem Mond?

**1** Sie landeten vor gut 10 Jahren auf dem Mond.

**2** Die ersten Menschen landeten vor etwas mehr als 30 Jahren auf dem Mond.

**3** Die ersten Menschen landeten vor knapp 70 Jahren auf dem Mond.

 Flugzeuge und Raketen werden von Menschen bedient. Was macht ein Astronaut?

**1** Ein Astronaut beobachtet die Sterne am Himmel und sagt die Zukunft voraus.

**2** Ein Astronaut weiß, wie Flugzeuge gebaut werden.

**3** Ein Astronaut ist ein Raumfahrer. Er fliegt mit einem Raumschiff in das Weltall.

## Wusstest du schon, ...

... dass 1825 die erste öffentliche Dampfeisenbahn ihre Jungfernfahrt hatte? Die Dampfeisenbahn brachte es mit 28 Waggons auf 25 km/h, was damals als enorme Geschwindigkeit galt.

 Autos fahren auf Straßen, Bahnen fahren auf Gleisen und Flugzeuge...? Wo fliegen die großen Passagierflugzeuge?

**1** Flugzeuge können fliegen, wo sie wollen. Hauptsache, der Treibstoff reicht.

**2** Die großen Flugzeuge fliegen auf vorgegebenen Wegen, den Luftstraßen.

**3** Die großen Flugzeuge dürfen nur über unbewohntem Gebiet fliegen.

# Entdecker und Entdeckungen

*Reiselustige aufgepasst - denn hier dreht sich alles um Expeditionen und Entdecker. Auch Fauchi hat schon sein Fernrohr ausgepackt und geht auf Entdeckungsreise.*

**?** Im Mittelalter versuchten viele Seefahrer einen Seeweg nach Indien zu finden. Warum wollten so viele Seefahrer nach Indien?

**1** Um wertvolle Gewürze einzukaufen

**2** Um Elefanten für die vielen Zoos in Europa zu fangen

**3** Um sich die Schlangenbeschwörer anzuschauen

*Im Mittelalter wollten viele Seefahrer nach Indien, um dort wertvolle Gewürze einzukaufen. (2 Punkte)*

**?** Die Insel Madeira wurde von den Portugiesen im 13. Jahrhundert entdeckt. Was machten die Portugiesen auf Madeira?

**1** Sie klauten den Sand, um damit in Portugal Strände für die Urlauber zu bauen.

**2** Sie holzten die Bäume ab, um aus ihnen Schiffe zu bauen.

**3** Sie schürften nach Gold, das in großen Mengen vorhanden war.

*Als die Portugiesen Madeira besetzten, holzten sie den ganzen Baumbestand ab. Daraus bauten sie Schiffe für ihre Flotte. (2 Punkte)*

 Im 15. Jahrhundert entdeckten die Portugiesen große Teile der afrikanischen Küste und nahmen sie in Besitz. Wie markierten die Portugiesen ihre Gebiete?

 Sie errichteten Pfeiler aus weißem Stein.

 Sie legten Beete mit Blumen an, die sonst nur in Portugal wachsen.

**3** Sie malten das portugiesische Wappen in den Küstensand.

 Im Mittelalter behandelten die europäischen Entdecker die Eingeborenen oft sehr schlecht. Warum wurden Eingeborene schlecht behandelt?

 Weil die Europäer Angst hatten, sich an fremden Krankheiten anzustecken.

 Weil die Eingeborenen keine Christen waren.

**3** Weil es damals nicht üblich war, freundlich miteinander umzugehen.

 Im frühen Mittelalter wagten sich viele Seefahrer nicht zu weit auf den Atlantischen Ozean. Warum waren die Seefahrer damals so ängstlich?

 Weil sie noch keine Segelschiffe hatten und rudern mussten.

 Weil im Atlantik große Walfische lebten, die ihre Schiffe versenkten.

 Weil sie dachten, die Erde sei eine Scheibe, an deren Rand man herunterfällt.

? Im späten Mittelalter fuhren regelmäßig portugiesische Schiffe zwischen Europa und Indien hin und her. Wie segelten die Portugiesen nach Indien?

**1** Um ganz Afrika herum.

**2** Durch den ägyptischen Suez-Kanal, der das Mittelmeer mit dem Roten Meer verbindet.

**3** Durch das russische Eismeer um ganz Asien herum.

## Wusstest du schon, ...

... dass der Norweger Thor Heyerdahl bei seiner Fahrt von Chile über den Pazifik in die Südsee ein primitives Inka-Floß benutzte? Er wollte damit beweisen, dass die Inkas tatsächlich nur mit ihren einfachen Flößen die Südsee besiedeln konnten.

? Einer der berühmtesten Entdecker war Christoph Kolumbus. Aus welchem Land stammte Kolumbus?

**1** Aus Spanien

**2** Aus Portugal

**3** Aus Italien

**?** Als Kolumbus von seinen Reisen nach Amerika zurückkehrte, waren die Spanier enttäuscht. Warum waren die Spanier von Kolumbus enttäuscht?

**1** Weil er keine Schätze mitbrachte.

**2** Weil er nicht wie versprochen nach Indien gekommen war.

**3** Weil so viele seiner Matrosen unterwegs gestorben waren.

**?** Christoph Kolumbus galt zwar als Entdecker Amerikas, aber der Kontinent wurde nie nach ihm benannt. Woher hat Amerika seinen Namen?

**1** Von dem portugiesischen Seefahrer Amerigo Vespucci.

**2** Von kleinen runden Kuchen, die die Lieblingsspeise der Indianer darstellten.

**3** Von einem von Kolumbus' Schiffen, das "Santa Erica" hieß.

**?** Die spanischen Entdecker brachten verschiedene Bräuche der Indianer mit nach Europa. Welcher Brauch setzte sich in Europa durch?

**1** Das Benutzen von Pfeil und Bogen als Waffe.

**2** Das Flechten von Zöpfen.

**3** Das Rauchen von Tabak.

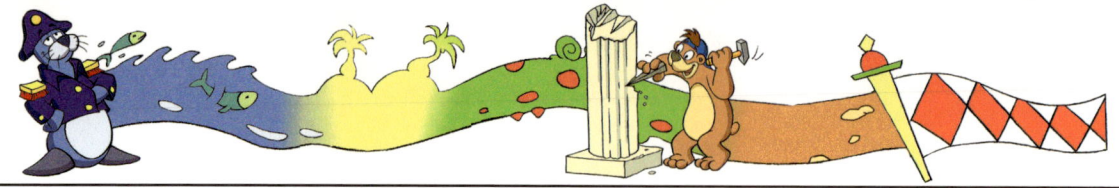

 Das Christoph Kolumbus als Entdecker Amerikas gilt, ist umstritten. Warum ist Kolumbus nicht der Entdecker Amerikas?

**1** Weil er auf seinen Reisen nur Inseln, aber kein Festland entdeckte.

**2** Weil vermutlich die Wikinger Amerika schon fünfhundert Jahre vorher entdeckt hatten.

**3** Weil er in Wirklichkeit gar nicht Amerika, sondern Indien entdeckte.

 Der Portugiese Ferdinand Magellan erbrachte zu Beginn des 16. Jahrhunderts eine beachtliche Leistung. Womit ging Magellan in die Geschichte ein?

**1** Eins seiner Schiffe schaffte als erstes die Umsegelung der ganzen Erde.

**2** Er war der Entdecker Australiens.

**3** Er fuhr als erster Europäer mit dem Dampfschiff nach Amerika.

 Als die Holländer im 17. Jahrhundert Australien entdeckten, sahen sie zum ersten Mal ein Känguru. Wofür hielten die Holländer das Känguru?

**1** Für eine Antilope

**2** Für einen Bären

**3** Für eine Katze

 Ganz wichtig für die Seefahrer war früher der Sextant. Was ist ein Sextant?

**1** Ein großes Segelschiff mit sechs Masten.

**2** Ein Gerät, mit dem Seefahrer ihre Position ermitteln konnten.

**3** Ein Tanz, den die Indianer für Christoph Kolumbus aufführten.

*Ein Sextant ist ein Gerät, mit dem die Seefahrer ihre Position bestimmen kauen. (2 Punkte)*

 ## Wusstest du schon, ...

*... dass der Meeresforscher Jacques-Yves Cousteau die Ladung eines griechischen Weinfrachters fand, der wahrscheinlich 230 v. Chr. in der Nähe von Marseille gesunken ist? Das Beste an dem Schatz: Einige der Wein-Amphoren waren sogar noch unbeschädigt!*

 Früher starben bei langen Seefahrten viele Matrosen. Dies kam aber bei James Cooks Matrosen nie vor. Wie sicherte Cook seinen Matrosen das Überleben?

**1** Er nahm große Mengen Sauerkraut und Zwiebeln als Proviant mit.

**2** Er ging nie an Land und hatte deshalb keinen Krieg mit Eingeborenen.

**3** Er hatte einen Medizinmann an Bord, der sich mit fremden Krankheiten auskannte.

*James Cook nahm Sauerkraut und Zwiebeln mit, die viele Vitamine enthielten. Damit verhinderte er, dass seine Matrosen an Skorbut erkrankten. (2 Punkte)*

 Im Pazifischen Ozean liegt die Osterinsel. Woher hat die Osterinsel ihren Namen?

**1** Von den Steinfiguren auf der Insel, die wie Osterhasen aussehen.

**2** Von dem Zeitpunkt ihrer Entdeckung, der auf Ostern fiel.

**3** Von ihrer Lage am äußersten Osten des Pazifischen Ozeans.

 ## Wusstest du schon, ...

... dass bereits um 600 vor Christus phönizische Schiffe im Auftrag des ägyptischen Pharaos Necho ganz Afrika umrundeten, aber die Reise unbekannt blieb, weil ihnen keiner nach ihrer Rückkehr glaubte?

 Hernán Cortés erkundete 1519 Mittelamerika und entdeckte ein Volk, das die Spanier später fast völlig vernichteten. Welches Volk entdeckte Cortés?

**1** Den Stamm der Apachen

**2** Die Azteken

**3** Die Schotten

 Auf ihren Eroberungszügen in Amerika suchten die Spanier fieberhaft nach dem sagenumwobenen Land Eldorado. Warum suchten die Spanier Eldorado?

**1** Weil sie glaubten, dass dort Milch und Honig fließt.

**2** Weil sie glaubten, dass dort Erdöl zu finden war.

**3** Weil sie glaubten, dass dort unglaublich viel Gold war.

 Die Portugiesen entdeckten im 16. Jahrhundert Äthiopien und knüpften sofort enge Handelsbeziehungen. Warum trieben Portugal und Äthiopien Handel?

**1** Weil beide Länder zufällig die gleiche Flagge hatten.

**2** Weil die Äthiopier Christen waren.

**3** Weil der König von Äthiopien in Portugal zur Schule gegangen war.

 Henry Hudson erforschte den nordamerikanischen Osten. Nach ihm ist auch der Hudson-Fluss benannt. Welche Stadt wurde an diesem Fluss gegründet?

**1** New York

**2** Washington

**3** Chicago

**?** Amerika wurde nach seiner Entdeckung viel schneller und einfacher erkundet als Afrika. Warum war die Erkundung Afrikas so schwer?

**1** Weil die eingeborenen Afrikaner nicht so friedlich waren wie die Indianer.

**2** Weil die meisten Flüsse Afrikas nicht stromaufwärts befahren werden konnten.

**3** Weil die riesige Afrikanische Mauer den Europäern den Weg versperrte.

*Afrika wurde nur sehr langsam erkundet, weil die meisten afrikanischen Flüsse nicht schiffbar waren. Damals wurden fast alle Expeditionen mit dem Segelschiff durchgeführt. 2. Punkte!*

**?** Eines der größten Rätsel Afrikas war seit Jahrhunderten die Suche nach den Quellen des Nils. Warum war es so schwer, die Nilquellen zu finden?

**1** Weil der Nil an seinem Oberlauf durch ein riesiges Sumpfgebiet fließt.

**2** Weil die Pharaonen jedem Europäer die Erforschung des Nils verboten.

**3** Weil der Fluss während des Hochwassers ständig seinen Lauf änderte.

*Die Quellen des Nils waren so schwer zu finden, weil am Oberlauf des Nils ein riesiges Sumpfgebiet den Weg versperrt. 1. Punkte!*

**?** Der Engländer David Livingstone war einer der bedeutendsten Afrikaforscher. Welche berühmten Wasserfälle entdeckte Livingstone?

**1** Die Niagarafälle

**2** Die Rheinfälle bei Schaffhausen

**3** Die Victoriafälle des Sambesi

*Der englische Afrikaforscher David Livingstone war der Entdecker der Victoriafälle. Die Wasserfälle des Sambesi zählen zu den größten der Welt. 3. Punkte!*

**?** Marco Polo gilt als einer der größten Entdecker aller Zeiten. Welches Land wurde durch Marco Polo bekannt?

**1** Ägypten

**2** China

**3** Mexiko

## Wusstest du schon, ...

... dass nun auch Touristen den Weltraum entdecken können? Allerdings sind die Kosten dafür enorm: ca. 20 Millionen Dollar kostet ein Flug ins All.

**?** Im 15. Jahrhundert ließ Heinrich der Seefahrer etwas entwickeln, das die Seefahrt veränderte. Was ließ Heinrich der Seefahrer entwickeln?

**1** Die Karavelle, ein Segelschiff, das besonders gut für Entdeckungsreisen geeignet war.

**2** Das erste Dampfschiff, mit dem man endlich auch bei absoluter Windstille fahren konnte.

**3** Ein spezielles U-Boot, mit dem man unter Wasser und auch unter Land fahren kann.

 Dass man Geldscheine drucken konnte, erfuhren die Europäer erst im Mittelalter. Wie erfuhren die Europäer von den Geldscheinen?

**1** Christoph Kolumbus brachte Geldscheine aus Amerika mit.

**2** Marco Polo hatte ihnen erzählt, dass die Chinesen mit Geldscheinen bezahlen.

**3** Die Wikinger führten Geldscheine ein, weil sie kein Gold kannten.

## Wusstest du schon, ...

... dass Kolumbus, als er Amerika entdeckte, die Eingeborenen Indianer nannte, weil er dachte, er wäre in Indien und nicht in Amerika gelandet?

 Viele Indianer starben an Krankheiten, die die Europäer eingeschleppt hatten. Warum starben die Indianer an fremden Krankheiten?

**1** Weil sie keine Krankenhäuser hatten

**2** Weil die Europäer alle Medizinmänner töten ließen

**3** Weil ihre Körper dagegen keine Abwehrkräfte hatten

**?** Vor Erfindung des Kompasses orientierten sich die Seefahrer vor allem an den Sternen. Welcher Himmelskörper zeigt an, wo Norden ist?

**1** Der Polarstern

**2** Der Mond

**3** Die Venus

**?** Der Wissenschaftler Kopernikus veränderte das Bild, das die Menschen bis dahin von der Erde hatten. Was war Kopernikus´ wichtigste Entdeckung?

**1** Er fand heraus, dass Außerirdische die Pyramiden gebaut haben.

**2** Er fand heraus, dass der Mensch vom Affen abstammt.

**3** Er fand heraus, dass die Erde sich um die Sonne dreht und nicht umgekehrt.

**?** Der Italiener Galileo Galilei konzentrierte seine Forschungen vor allem auf den Weltraum. Was fand Galilei über den Planeten Jupiter heraus?

**1** Er entdeckte, dass es auf dem Jupiter Leben gibt.

**2** Er entdeckte, dass es auf dem Jupiter riesige Meere gibt.

**3** Er entdeckte die größten vier Monde des Jupiter.

? Die ersten Seefahrer, die regelmäßig in die Arktis fuhren, taten das aus einem bestimmten Grund. Warum fuhren diese Seefahrer in die Arktis?

**1** Um Wale und Robben zu jagen

**2** Um Eis für die Kühlschränke zu besorgen

**3** Um mit den Eskimos zu handeln

? Im Jahr 1969 betraten die amerikanischen Astronauten Armstrong und Aldrin völlig neuen Boden. Wo landeten Armstrong und Aldrin?

**1** Auf dem Mars

**2** Auf dem Mond

**3** Auf der Venus

? Otto Finsch erforschte Ende des 19. Jahrhunderts bis dahin unbekannte Teile der Südsee. Was interessierte Finsch an der Südsee?

**1** Die reiche Vogelwelt

**2** Die schönen Strände

**3** Die reichen Erdölvorkommen

 Die Entdeckung Amerikas bescherte den Spaniern viele neue Feinde. Einer von ihnen war Frances Drake. Warum hatten die Spanier Angst vor Francis Drake?

**1** Er hetzte die Indianer gegen sie auf.

**2** Er nahm ihnen große Teile Südamerikas weg.

**3** Er war ein gefürchteter Pirat, der ihre Schatzschiffe kaperte.

### Wusstest du schon, ...

... dass im 15. Jahrhundert die Portugiesen zum ersten Mal das Nashorn entdeckten und es zunächst für das sagenumwobene Einhorn hielten?

 Die Erfindung des Kompasses war ein großer Fortschritt für die Seefahrt. Warum war der Kompass so wichtig?

**1** Weil er die Himmelsrichtungen anzeigt.

**2** Weil er die Meerestiefe anzeigt.

**3** Weil er die Windstärke anzeigt.

 In der Geschichte der europäischen Seefahrt spielen Kolonien eine große Rolle. Was sind Kolonien?

**1** Kolonien nennt man Segelschiffe, die in einer Kolonne fahren.

**2** Kolonien waren fremde Länder, die von europäischen Ländern beherrscht wurden.

**3** Kolonien nennt man Tiere, die aus fremden Ländern eingeschleppt wurden.

## Wusstest du schon, ...

... dass sich der Norweger Fridtjof Nansen mit dem Schiff "Fram" im Packeis einfrieren ließ und damit zum Nordpol treiben wollte? Den Nordpol verfehlte er aber um 500 Kilometer.

 Die Spanier eroberten Südamerika, obwohl die dort lebenden Indianer in der Überzahl waren. Warum konnten die Spanier die Indianer besiegen?

**1** Die Spanier hatten Gewehre und Kanonen, die Indianer nicht.

**2** Die Spanier kamen mit dem tropischen Klima besser klar als die Indianer.

**3** Die Spanier setzten Kampfstiere gegen die Indianer ein.

114

 Am Südpol gibt es große ständige Forschungsstationen. Am Nordpol geht das nicht. Warum gibt es am Nordpol keine feste Station?

**1** Weil es keine Bauerlaubnis von den Eskimos gibt.

**2** Weil es dort zu kalt ist.

**3** Weil das Packeis die Station immer wegtreibt.

 Früher hatten viele Segelschiffe ein so genanntes "Krähennest". Was versteht man unter einem "Krähennest"?

**1** Ein Nest mit Krähen die vorausfliegen, um bei Gefahr zu krähen.

**2** Ein Ausguck am vorderen Mast, in dem ein Matrose das Meer nach Gefahren absucht.

**3** Ein Kran mit einer krähenartigen Kralle, um Eisschollen wegzuheben.

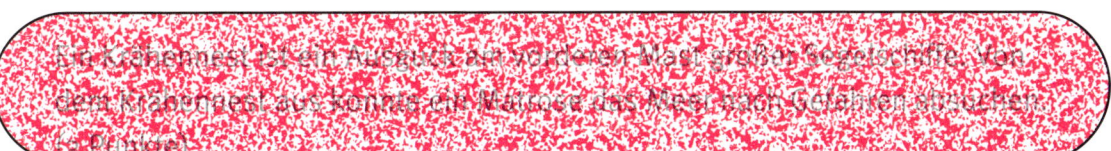 Schutz vor Eis und Schnee ist bei jeder Polarexpedition überlebenswichtig. Wie verbesserten die Polarforscher ihre Kleidung?

**1** Sie haben sich die Kleidung bei den Eskimos abgeschaut.

**2** Sie haben ihre Kleidung geteert und gefedert.

**3** Sie haben beheizbare Unterwäsche angezogen.

115

? Als Robert Scott im Jahr 1911 als erster den Südpol erreichen wollte, erlebte er eine große Enttäuschung. Welche Enttäuschung erlebte Scott am Südpol?

**1** Er hatte auf dem Weg seine Landkarte verloren und kam nicht mehr zurück.

**2** Ein anderer Forscher war schon vor ihm da gewesen.

**3** Durch tagelanges Tauwetter war der Südpol einfach weggeschmolzen.

? Der Antarktisforscher Dumont d'Urville nannte einen Abschnitt der antarktischen Küste nach seiner Frau Adélie. Was wurde noch nach "Adélie" benannt?

**1** Vulkane

**2** Pinguine

**3** Alle Ureinwohner

? Im Jahr 1980 bestieg Reinhold Messner den höchsten Berg der Welt auf ganz bestimmte Weise. Wie bestieg Messner den Mount Everest?

**1** Er machte Free-Climbing, also ohne Seil und Haken.

**2** Er bestieg den Mount Everest mit einem Mountain Bike.

**3** Er bestieg den Mount Everest ohne Sauerstoffgerät.

 1991 wurde in Südtirol die Mumie des Steinzeitmenschen Ötzi gefunden. Sie war fast vollständig erhalten geblieben. Wieso ist Ötzi nicht zu Staub zerfallen?

**1** Seine Kleidung umwickelte ihn wie Frischhaltefolie.

**2** In der Steinzeit wurden die Toten einbalsamiert wie die alten Ägypter.

**3** Das Gletschereis wirkte wie ein Gefrierschrank und hielt ihn frisch.

## Wusstest du schon, ...

*... dass der Feldherr Hannibal um 218 v. Chr. mit seinen Soldaten aus Spanien und Afrika, mit Elefanten und Pferden die Alpen überquerte? Viele der Soldaten hatten bis dahin noch nie Schnee oder einen Gletscher gesehen.*

 Im Jahr 1911 erreichte der Norweger Roald Amundsen als erster Mensch den Südpol. Wie bewegte Amundsen die schweren Schlitten über das Eis?

**1** Er ließ Pferde die Schlitten ziehen.

**2** Er ließ Hunde die Schlitten ziehen.

**3** Er fuhr mit Motorschlitten.

# Hinter den Kulissen: Die 1, 2 oder 3 Sendung

Pro Jahr landen bei der ZDF-Redaktion etwa 6700 Bewerbungen von Schulklassen aus Deutschland, die bei der Sendung 1,2 oder 3 mit dabei sein wollen. Da hilft nur eins: Auslosen. Stehen die Gewinner fest, besucht die 1,2 oder 3 -Redaktion die Klasse. Es werden Fragen beantwortet und in einer geheimen Wahl die drei Kandidaten gewählt.

Am Aufzeichnungstag werden die Kinder im Münchener Studio durch den Kinderbetreuer, die Redaktion und natürlich den Moderator Gregor Steinbrenner begrüßt und dann geht´s ab ins Studio. Aber vorher muss natürlich die Technik stimmen...

## Licht und Technik

Damit das Studio gut beleuchtet wird, befinden sich an der Studiodecke viele Scheinwerfer.

Für die Kameraaufnahmen werden noch letzte Lichtmessungen gemacht, damit Piet Flosse optimal beleuchtet wird.

Auf dem Kontrollmonitor kann Gregor die eingespielten Videobeiträge während der Sendung verfolgen und anmoderieren.

Mit dem Probepult können der Regisseur und die Bildmischerin die Kameraeinstellungen sehen und die Schnitte festlegen.

# Hinter den Kulissen: Die 1, 2 oder 3 Sendung

## Besprechungen der 1, 2 oder 3-Crew

Die 1, 2 oder 3 Crew spricht am Probenpult noch mal alle Einzelheiten durch, damit der Ablauf der Sendung gut klappt: Regisseur (Mitte), Bildmischerin und Regieassistentin (rechts) und die Kameraleute (links)

Der Puppenspieler, der Sprecher, die Redaktion, und Gregor sprechen die Texte und Auftritte durch.

Gregor bespricht den Ablauf mit dem Aufnahmeleiter.

## Die Probe mit den Kandidaten

Nun heißt es Turnschuhe doppelt zubinden, denn beim Springen auf den 1, 2 oder 3 Feldern darf nichts zu locker sitzen.

Bei einem kleinen Lauf wird getestet, ob die Steckmikrophone gut an der Kleidung befestigt sind und nicht runterfallen.

Auch das Springen auf den 1,2 oder 3 -Felder muss geübt werden. Ist die Antwort richtig, dürfen die Kandidaten wegen der Feuereffekte nicht zu nah an der Wand stehen. Dies findet während einer extra Einweisung statt, in der Gregor nur mit den Kandidaten im Studio ist.

# Hinter den Kulissen: Die 1, 2 oder 3 Sendung

In der Schatzkiste befinden sich die heiß begehrten goldenen Kugeln.

Bevor es richtig losgeht, wird auch noch mal das Einwerfen der Kugeln geprobt.

Falls alle die gleiche Punktzahl haben, kommt die goldene Kugel mit dem Namen des Gewinners zum Einsatz. Der Zufallsgenerator schießt eine Kugel in die Luft und Gregor übt das Fangen.

## Probe der Studiogäste

Der Schäfer wartet auf seinen Probeauftritt zum Thema Tierberufe.

Bei der Probe wird getestet, ob sich der Schäferhund auf der Bühne auch gut mit Piet Flosse verträgt.

In jeder Sendung gibt es einen speziellen Showauftritt. Zu Gast ist bei dieser Sendung die bekannte Gruppe "B3".

# Hinter den Kulissen: Die 1, 2 oder 3 Sendung

## In der Maske

In der Maske wird Gregor kurz vor seinem großen Auftritt geschminkt, denn seine Haut darf im Scheinwerferlicht nicht so glänzen. Dafür sorgt das Make-up in seinem Gesicht.

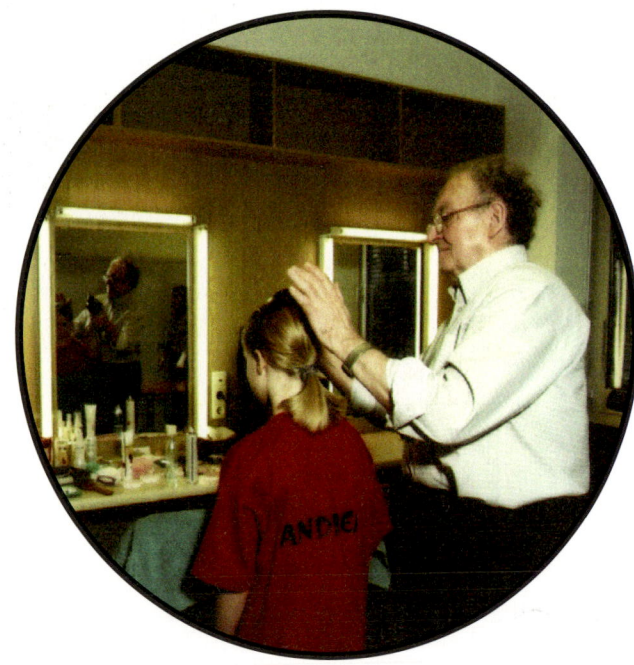

Auch die 1, 2 oder 3-Kandidaten werden für ihren großen Auftritt gestylt.

## Letzte Einführungen

Kurz vor der Sendung bekommt auch das Publikum noch ein paar Anweisungen.

Bühne frei für 1, 2 oder 3! Nur noch schnell ein Foto von den Kandidaten, dann kann es bald losgehen.

Das Kamerakind wird vom Kameramann eingewiesen.

# Hinter den Kulissen: Die 1, 2 oder 3 Sendung

## Die Aufzeichnung

Nun wird´s ernst: Auf zur richtigen Antwort!

Ob ihr wirklich richtig steht, seht ihr, wenn das Licht angeht!

Für die Punkte gibt es viel Jubel von den Klassenkameraden im Publikum.

In der Bildregie werden die verschiedenen Kameraeinstellungen, Grafiken und Videoeinspielungen während der Aufzeichnung geschnitten.

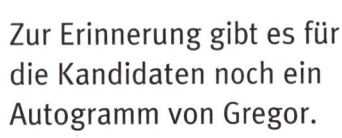

Zur Erinnerung gibt es für die Kandidaten noch ein Autogramm von Gregor.

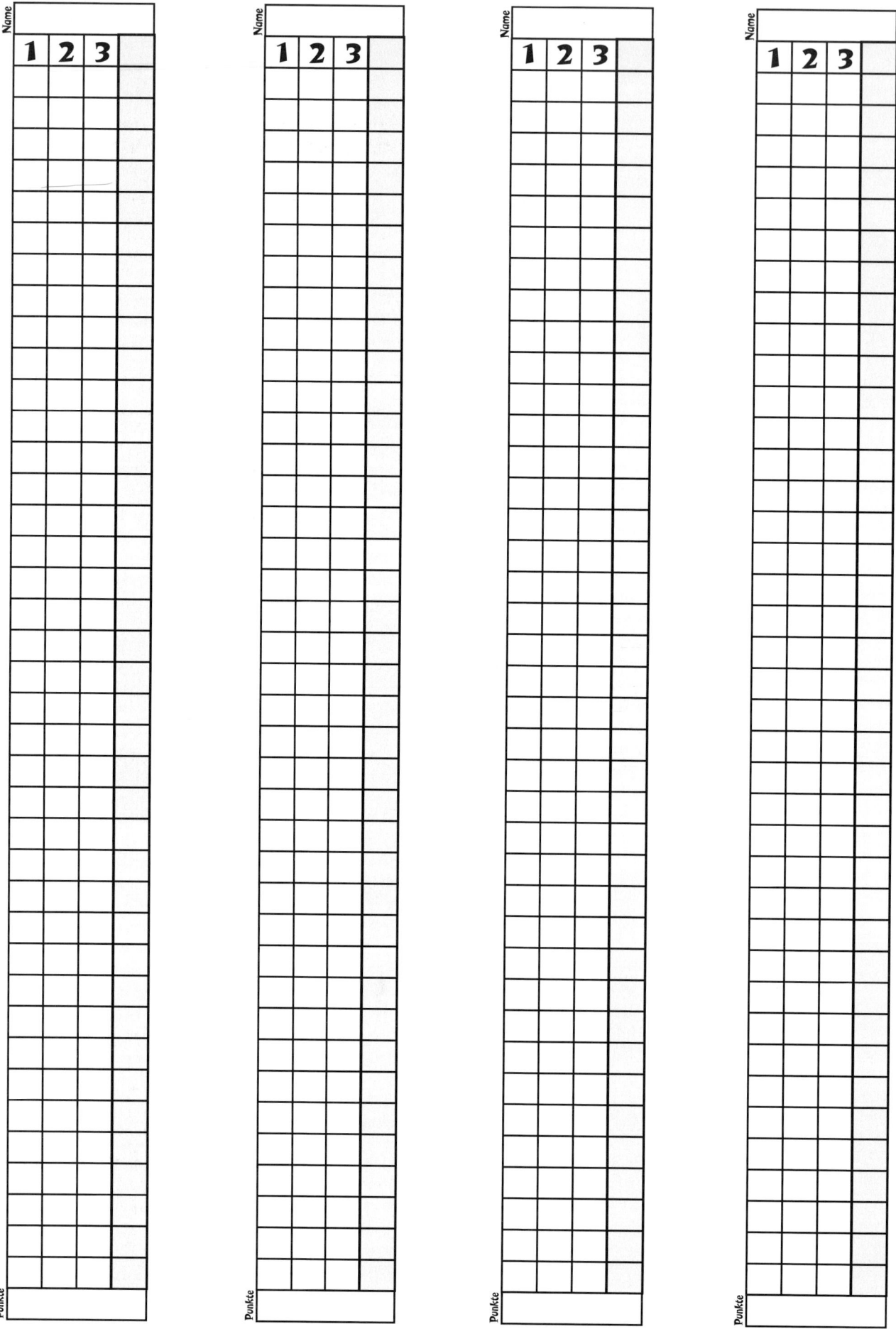

Vorlage einfach kopieren...und los geht´s!